PROTESTO DE TÍTULOS, SUSTAÇÃO E
CANCELAMENTO: COMO E QUANDO REQUERER

PROTESTO DE TÍTULOS, SUSTAÇÃO E CANCELAMENTO: COMO E QUANDO REQUERER

Mario Bimbato

Manole

Copyright © 2017 Editora Manole Ltda., por meio de contrato com o autor.
Minha Editora é um selo editorial Manole.

Editor gestor: Walter Luiz Coutinho
Editora: Juliana Morais
Produção editorial: Luiza Bonfim
Capa: André E. Stefanini
Projeto gráfico: Daniel Justi
Diagramação e revisão: Departamento Editorial da Editora Manole

Dados Internacionais de Catalogação na Publicação (CIP)
(Câmara Brasileira do Livro, SP, Brasil)

Bimbato, José Mario
    Protesto de títulos, sustação e cancelamento:
como e quando requerer / Mario Bimbato. – Barueri, SP :
Manole, 2017.

    ISBN 978-85-7868-260-6

    1. Protestos (Documentos negociáveis) – Brasil
  2. Sustação de protesto I. Título.

16-06979   CDU-347.746.6(81)

Índices para catálogo sistemático:
1. Brasil : Protestos de títulos: Direito
comercial   347.746.6(81)
2. Brasil : Títulos: Protestos: Direito
comercial   347.746.6(81)

Todos os direitos reservados à Editora Manole.
Nenhuma parte deste livro poderá ser reproduzida, por qualquer processo, sem a permissão expressa dos editores. É proibida a reprodução por xerox.

A Editora Manole é filiada à ABDR – Associação Brasileira de Direitos Reprográficos.

1ª Edição – 2017

Editora Manole Ltda.
Av. Ceci, 672 – Tamboré
06460-120 – Barueri – SP – Brasil
Tel.: (11) 4196-6000 – Fax: (11) 4196-6021

www.manole.com.br | info@manole.com.br

Impresso no Brasil | *Printed in Brazil*

Este livro contempla as regras do Acordo Ortográfico da Língua Portuguesa de 1990, que entrou em vigor no Brasil em 2009.

São de responsabilidade do autor as informações contidas nesta obra.

SUMÁRIO

Apresentação VII

Prefácio IX

PARTE I	Introdução	
Capítulo I	Protesto de títulos: Conceito e natureza	3
Capítulo II	Origem do protesto	7
Capítulo III	O protesto no Brasil	9
Capítulo IV	Notário ou tabelião de protesto	11
PARTE II	O protesto segundo a lei em vigor	
Capítulo I	Protesto: Definição legal e finalidade	19
Capítulo II	Disposições especiais sobre o protesto	27
Capítulo III	Protesto para fins falimentares	33
Capítulo IV	Protesto de duplicatas	35
Capítulo V	Efeitos do protesto	43
Capítulo VI	Ordem dos trabalhos	49
Capítulo VII	Intimação	55
Capítulo VIII	Pagamento do título	61
Capítulo IX	Registro do protesto	63
Capítulo X	Publicidade do protesto	71
Capítulo XI	Emolumentos	75
Capítulo XII	Responsabilidade do tabelião	77

| **Capítulo XIII** | Termo inicial da incidência de juros . . . . | 79 |

PARTE III	Sustação de protesto
Capítulo I	Medida cautelar	83
Capítulo II	Fundamento jurídico da sustação judicial.	85
Capítulo III	Jurisprudência sobre sustação de protesto	91
Capítulo IV	Procedimento	95

| **PARTE IV** | Cancelamento de protesto |
| **Capítulo I** | Precedentes . . . . | 105 |

| **PARTE V** | Modelos de petição |

Modelo de petição n. 1 113

Modelo de petição n. 2 119

Modelo de petição n. 3 125

Referências bibliográficas **129**

Índice sistemático. **131**

Índice alfabético-remissivo. **137**

APRESENTAÇÃO

"O protesto é um ato público, formal e autêntico que certifica um fato: a recusa do pagamento ou aceite pelo devedor de um título de crédito ou documento de dívida. Daí sua importância na economia de consumo, devido à sua publicidade e consequente restrição de crédito àqueles nele envolvidos.

Protesto de títulos, sustação e cancelamento: como e quando requerer visa facilitar a compreensão desse instituto jurídico, oferecendo um roteiro seguro das ações que devem ser adotadas para o protesto de um título, dirigido principalmente, de forma didática, a estudantes e operadores do direito.

Ao tempo em que o autor, experiente tabelião de protesto, direciona o profissional à melhor prática de sua atividade, transmite-lhe, ainda, conhecimentos doutrinários e jurisprudenciais.

A utilidade dessa obra se estenderá a todos aqueles que militam na área do comércio, da indústria e em toda a rede bancária, sendo de grande interesse por sua originalidade prática na análise da lei, bem como dos princípios e requisitos do protesto, norteando procedimentos com modelos de petição para sua sustação e cancelamento.

Inegável a importância das orientações trazidas nestes textos, fruto da experiência e profundo saber jurídico de direto cambial que possui o autor."

JOSÉ DE MELLO JUNQUEIRA
Desembargador aposentado do Tribunal de Justiça de São Paulo, Professor de Direito Civil, Diretor da Faculdade de Direito de Sorocaba (Fadi) e Assessor jurídico de Tabeliães de Protesto.

PREFÁCIO

Recht ist der Inbegriff der Bedingungen, unter denen die Willkür des einen mit der Willkür des anderen bei einem allgemeinen Gesetz der Freiheit vereinigt werden kann: "Direito é o conjunto das condições sob as quais o arbítrio de um pode conviver com o arbítrio dos demais, segundo uma lei universal de liberdade" (Kant, *Crítica da razão prática*).

Esta obra examina o protesto de títulos e à luz da lei, da doutrina e da jurisprudência, expondo a matéria em linguagem clara e simples, a fim de proporcionar ao leitor – estudante ou profissional – o conhecimento dos princípios básicos do Direito Cambial concernentes ao protesto de títulos, e um guia prático de como e quando requerer o protesto, seu cancelamento ou sua sustação.

Entre as principais características, contém o livro uma introdução ao estudo do protesto notarial, a análise da Lei de Protesto em vigor (Lei n. 9.492/97) e modelos práticos de petição de cancelamento e sustação de protesto, com notas explicativas intercaladas e exemplos concretos.

Contribuiu para a elaboração deste trabalho, sugerindo, entre outras achegas, melhor ordenação lógica dos capítulos e a divisão didática dos temas, o Dr. José de Mello Junqueira, Desembargador aposentado do Tribunal de Justiça do Estado de São Paulo, Professor-Titular de Direito Civil e Diretor da Faculdade de Direito da Universidade de Sorocaba; possuidor de larga experiência na matéria, como ex-Juiz de Direito Titular da 1ª Vara de Registros Públicos da Comarca da Capital e advogado dos tabeliães de protesto de títulos de São Paulo.

Ao Dr. Marcos Raposo, mestre em Direito pela Faculdade de Direito da Universidade de Yale (1973, EUA), advogado e Professor de Direito Cambial no Rio de Janeiro, devo o título do livro: conciso, comunicativo e direto.

À Dra. Vanessa Almeida Feitosa, bacharel em Direito e 1º Substituto do 6º Tabelião de Protesto de Letras e Títulos de São Paulo, a atualização da obra, com remissões ao Código de Processo Civil de 2015 (CPC/2015), meu especial agradecimento.

Cumpre-me registrar as observações aos originais, sempre judiciosas, do Dr. Luiz Machado Fracarolli, advogado em São Paulo, Doutor em Direito pela Faculdade de Direito da Universidade de São Paulo e ex-Professor--Doutor do Departamento de Direito Comercial da mesma Faculdade, a quem, penhorado, agradeço.

Os erros são todos de minha responsabilidade.

Parafraseando Kant, encerro com este conceito: devemos respeitar a opinião do próximo para que possamos exprimir livremente a nossa.

MARIO BIMBATO

PARTE I

Introdução

Capítulo I

PROTESTO DE TÍTULOS: CONCEITO E NATUREZA

1. CONCEITO

O *protesto de títulos*, ou *protesto notarial*, pode ser conceituado como o ato que comprova a recusa do aceite ou do pagamento de um título.

Em outras palavras, *protesto notarial* é o ato *público*, *autêntico*, *formal* e *solene* que certifica a recusa do aceite ou do pagamento de um título.

É um ato *público*, porque é realizado por agente público, atuando nessa qualidade, e do qual pode qualquer pessoa pedir certidão; *autêntico*, porque é emanado de agente investido de fé pública; *formal*, porque, para sua validade, deve observar determinadas formalidades prescritas em lei; e *solene*, porque é praticado por autoridade pública ou com a sua colaboração.

O protesto notarial, que é um ato extrajudicial, não deve ser confundido com o protesto judicial, medida cautelar assegurada a todo aquele que deseja prevenir responsabilidade, prover a conservação e ressalva de seus direitos ou manifestar qualquer intenção de modo formal (CPC/73, art. 867; CPC/2015, art. 726).

Tampouco deve ser confundido com o protesto extrajudicial, feito por intermédio do Registro de Títulos e Documentos, com o mesmo fim do protesto judicial.

Convém notar que o "protesto" feito por meio do Registro de Títulos e Documentos não substitui o protesto notarial, sendo, por isso, ineficaz para assegurar ao portador o direito de regresso contra os endossantes e o sacador e para interromper a prescrição. Com efeito, entre as causas interruptivas da prescrição, encontra-se o *protesto cambial* (CCiv, art. 202, III), que será visto a seguir.

2. PROTESTO NOTARIAL

O protesto que vínhamos descrevendo era tradicionalmente chamado de *protesto cambial*. Assim, de fato, era na vigência da Lei Saraiva (Decreto n. 2.044, de 1908), que, entre outras providências, dispunha sobre a letra de câmbio e a nota promissória, até a entrada em vigor da LP, que passou a regular o protesto de títulos.

Com o advento da LP, a expressão *protesto cambial* tornou-se inadequada, porque somente aplicável aos *títulos cambiais* (letra de câmbio, nota promissória, cheque e duplicata) e, por extensão, a outros títulos de crédito, como a cédula de crédito rural, a de crédito comercial, a de crédito industrial, a de crédito à exportação e a de crédito bancário.

Embora o Código Civil ainda se refira a *protesto cambial* (art. 202, III), deve-se ler *protesto notarial*, por ser a LP a lei específica sobre a matéria.

O termo *protesto notarial* abrange não só o protesto dos títulos cambiais e dos demais títulos de crédito, mas também o protesto de "outros documentos de dívida" – segundo se lê na ementa da Lei n. 9.492/97 *et passim* – como, entre outros, o protesto de contrato de câmbio e o de crédito de aluguel.

3. NATUREZA JURÍDICA DO PROTESTO

No sistema jurídico brasileiro, o protesto notarial é ato do notário ou tabelião de protesto de títulos, de acordo com o art. 5º, III, da Lei n. 8.935/94, que regula a atividade dos notários e oficiais de registros públicos, e o art. 3º da Lei de Protesto.

O portador não protesta o título *perante o notário*, como o era na antiga *protestatio* e no sistema do Código Comercial Brasileiro de 1850. De acordo com este último, o protesto da letra de câmbio se fazia perante o escrivão privativo de protestos, onde o houvesse, e, não o havendo, perante qualquer tabelião do lugar (art. 405).

No sistema jurídico brasileiro em vigor, repetimos, *o portador não protesta o título*, mas *apresenta o título para protesto* ao tabelião, cabendo a este, se for o caso, lavrar o protesto (no mesmo sentido: PONTES DE MIRANDA, 1954, vol. I, p. 353; MERCADO JÚNIOR, 1971, p. 108; GRINBERG, 1983, p. 3).

4. PROVA INSUBSTITUÍVEL

O Brasil não subscreveu a reserva mencionada no art. 8º do Anexo II da Convenção de Genebra sobre letra de câmbio e nota promissória, promulgada pelo Decreto n. 57.663/66, que faculta a qualquer país determinar a possibilidade de substituição do protesto por uma declaração de recusa do aceite ou do pagamento, datada e firmada na letra pelo sacado ou devedor.

Nessas condições, a recusa do aceite ou do pagamento, tratando-se de título cambial pagável no Brasil, **só pode ser provada pelo protesto**, salvo quanto ao cheque, em que a recusa a pagar pode ser provada por declaração, nele escrita, do banco sacado ou da câmara de compensação.

Sobre a utilidade do protesto, disse José Maria Whitaker, com sua habitual eloquência: "Na vertigem da vida moderna, que tudo sacrifica à celeridade, o protesto parece, à primeira vista, exigência arcaica e dispensável, sobrevivência supersticiosa de um período de exagerado formalismo", e, prosseguindo:

> Há, entretanto, interesse real em fixar de modo incontestável o momento em que a letra se transforma de coisa móvel em crédito exigível. Compreende-se,

em rigor, a inutilidade de fazê-lo em face do aceitante, isto é, daquele que diretamente prometeu realizar, e não realizou, o valor que a letra representa; mas não se pode negar aos outros signatários o direito de se certificarem se esse valor foi efetivamente reclamado no dia e lugar designados, ou se só não foi recebido em virtude de negligência do portador, ou da confiança que ele depositara no devedor principal (WHITAKER, 1963, p. 146).

A finalidade da lei, com a instituição do protesto, foi proporcionar ao obrigado de regresso, ou seja, ao endossante ou ao sacador, uma prova segura da recusa do aceite ou do pagamento, e, ao portador, uma prova célere e indiscutível de tal fato.

Capítulo II

ORIGEM DO PROTESTO

1. DA *PROTESTATIO* AOS DIAS ATUAIS

Originou-se o protesto da necessidade de o portador da letra de câmbio provar a recusa do pagamento pelo sacado, a fim de haver do sacador a sua importância.

O meio prático encontrado foi a *protestatio*, pela qual o notário, na presença do portador e de testemunhas, portava por fé a declaração por estas prestada de que o sacado, apesar de procurado para pagar, recusou-se a fazê-lo. Tal solenidade, que remonta aos primórdios da letra de câmbio, surgiu nas comunas italianas, ainda na Idade Média.

Confirma essa informação José Antônio Saraiva, segundo o qual o protesto era lavrado diante de testemunhas pelo notário, que copiava a letra de câmbio e relatava o fato da recusa do pagamento (SARAIVA, 1918, p. 416).

Acrescenta João Eunápio Borges: "Em pouco tempo – dispensada a presença do portador – o protesto assumiu a feição hodierna, sendo a apresentação do título ao sacado feita pelo notário" (BORGES, 1983, p. 115).

PROTESTO DE TÍTULOS

Mais um pouco, dizemos nós, feita a apresentação da cambial ao sacado pelo notário ou seu preposto, dispensou-se a presença de testemunhas.

Depois, como no sistema atual, o tabelião passou a intimar o sacado ou o devedor principal da apresentação de um título a protesto por falta de aceite ou pagamento, cabendo ao intimado comparecer ao tabelionato, em determinado prazo, para aceitar ou pagar, conforme o caso, sob pena de protesto.

Capítulo III

O PROTESTO NO BRASIL

1. CÓDIGO COMERCIAL

No Brasil, o protesto foi inicialmente regulado no Código Comercial de 1850. O Código previa o *apontamento* do título para protesto, que corresponde à sua *protocolização* na lei em vigor.

2. DA LEI SARAIVA À LEI EM VIGOR

A partir de 1908, o protesto de títulos cambiais passou a ser regulado pelo sistema da Lei Saraiva (Decreto n. 2.044 de 1908). Essa lei suprimiu o apontamento, mas este continuou a ser feito pelos cartórios, com base no costume e em normas das Corregedorias da Justiça estaduais. A LP, ora em vigor, instituiu o *protocolo* de títulos apresentados a protesto, correspondente ao antigo apontamento.

Algumas normas da Lei Saraiva continuam em vigor. Na parte que aqui nos interessa, ainda estão vigentes as que dispõem sobre o prazo para apresentação do título a protesto e sobre o lugar onde este deve ser realizado.

Paralelamente, a Lei de Falência (Decreto-lei n. 7.661/45) instituiu um livro próprio para o registro de protesto de títulos para fins falimentares, no qual deveria ser registrado o protesto de títulos de dívida líquida que legitime a ação executiva, não sujeitos a protesto obrigatório (art. 10).

A Lei das Duplicatas (Lei n. 5.474/68) e a Lei do Cheque (Lei n. 7.357/85) estabeleceram normas próprias para o protesto desses títulos. Finalmente, a LP consolidou a legislação sobre a matéria. Além de unificar-lhe o procedimento, essa lei regula minuciosamente o serviço de protesto, suprindo lacunas das leis anteriores. Tanto o protesto comum como o protesto especial para fins de falência obedecem ao mesmo procedimento, sendo registrados no mesmo livro.

Capítulo IV

NOTÁRIO OU TABELIÃO DE PROTESTO

1. DELEGAÇÃO DO PODER PÚBLICO

A atividade do notário (ou tabelião) de protesto insere-se no art. 236 da Constituição Federal, segundo o qual os serviços de notas e registros são exercidos "em caráter privado, por delegação do Poder Público".

2. NOTÁRIO OU TABELIÃO

A Lei n. 8.935/94, que regula os serviços notariais e registrais, emprega as palavras *notário* e *tabelião* como sinônimas.

3. OFICIAL DE REGISTRO OU REGISTRADOR

Na Lei n. 8.935/94, são também equivalentes os termos *oficial de registro* e *registrador*.

4. DELEGAÇÃO DE SERVIÇO PÚBLICO

Exercendo suas funções "em caráter privado", não são os notários e registradores servidores públicos em sentido estrito, mas delegados de serviço público. Nessas condições, não são remunerados pelos cofres públicos, mas pelos emolumentos recebidos dos usuários do serviço. Em compensação, cabe a esses agentes custear as despesas de instalação, de pessoal e material, de locação do imóvel e de aquisição de máquinas e equipamentos.

O fato de a Constituição declarar que os serviços de notas e registro são exercidos em caráter privado não importa para equiparar seus agentes aos profissionais autônomos.

Pelo contrário, como delegados do Poder Público, são os notários e oficiais de registro, antes denominados *serventuários da Justiça*, responsáveis perante o Poder Delegante pelos atos que praticarem.

5. LEI REGULADORA DAS ATIVIDADES DOS NOTÁRIOS E DOS OFICIAIS DE REGISTRO

Dispõe o art. 236 da Constituição Federal, no § 1º:

> § 1º Lei regulará as atividades, disciplinará a responsabilidade civil e criminal dos notários, dos oficiais de registro e de seus prepostos, e definirá a fiscalização de seus atos pelo Poder Judiciário.

Em cumprimento desse preceito constitucional, foi promulgada a Lei federal n. 8.935/94, que regula as atividades dos notários e dos oficiais de registro.

6. LEI FEDERAL

Ao estabelecer que a "lei regulará as atividades [...] dos notários, dos oficiais de registro e de seus prepostos", não esclareceu a Constituição se a lei a que se refere o art. 236 é federal ou estadual.

Nessas condições, temos de recorrer a outras normas de Direito Constitucional. Quanto ao ato do protesto cambial, trata-se, como diz Fábio

Konder Comparato, de matéria afeta, tradicionalmente, ao campo do chamado Direito Comercial, que é de competência da União (CF, art. 22, I), sendo, portanto, objeto de lei federal (COMPARATO, n. 83, 1991, p. 80).

Assim, continua o professor, "tudo o que diz respeito ao cabimento do protesto, à titularidade do direito ou do ônus de protestar e aos efeitos jurídicos decorrentes do ato só pode ser decidido por lei da União" (COMPARATO, n. 83, 1991, p. 80).

Por ser o protesto um ato formal, compete igualmente à União dispor sobre sua forma, inclusive sobre o procedimento de sua realização, o prazo para requerer e lavrar o protesto e os requisitos de seu registro.

Desse modo, tudo o que diz respeito à substância, forma, validade e eficácia dos atos dos notários e dos oficiais de registro, bem como à sua responsabilidade civil e criminal, constitui matéria de lei federal.

7. FÉ PÚBLICA

Os tabeliães e os registradores são profissionais de Direito, portadores de fé pública (Lei n. 8.935, art. 3º). *Fé pública* é o valor probante de que são timbrados os atos dos agentes estatais.

8. PRESUNÇÃO DE VERACIDADE

Como consequência da fé pública de que se revestem, presumem-se verdadeiras, até prova em contrário, as declarações firmadas pelos oficiais públicos. Trata-se, pois, de presunção *iuris tantum*.

9. INSTRUMENTO PÚBLICO

Entram na classe dos instrumentos públicos o instrumento e a certidão de protesto de títulos e outros documentos.

10. AUTENTICIDADE

Por força de lei, presumem-se *autênticos* os instrumentos públicos (Código Civil, art. 217; CPC/73, art. 365, II; CPC/2015, art. 425, II). *Autenticidade* é a certeza de que o documento provém do autor nele indicado (AMARAL SANTOS, 2010, vol. II, p. 432-433).

Ou, no dizer de Carnelutti, consiste a *autenticidade* na coincidência entre o autor aparente e o autor real (AMARAL SANTOS, 2010, vol. II, p. 432-433).

11. INGRESSO MEDIANTE CONCURSO PÚBLICO

Lê-se no art. 236, § 3º, da Constituição Federal:

> O ingresso na atividade notarial e de registro depende de concurso público de provas e títulos, não se permitindo que qualquer serventia fique vaga, sem abertura de concurso de provimento ou de remoção, por mais de seis meses.

Após aprovação em concurso público organizado pela autoridade competente da respectiva unidade federativa, são os notários e os registradores nomeados pela autoridade delegante, definida em lei estadual.

Além do concurso público de ingresso, existe o concurso de remoção, destinado aos que já exercem as funções de notário ou oficial de registro, de acordo com a Lei n. 8.935/94.

12. AÇÃO DIRETA DE INCONSTITUCIONALIDADE

O STF, na ADIn n. 2.069-2, indeferiu medida liminar pleiteada para suspender a vigência de dispositivos da Lei federal n. 8.935/94, referentes à organização de concurso para o ingresso na atividade de notas e registros.

O Tribunal, por maioria, negou provimento à liminar, decidindo, consequentemente, pela constitucionalidade dos dispositivos questionados e pela competência da União para legislar sobre a matéria (Rel. Min. José Néri da Silveira, *DJU* 09.05.2003).

13. LEI ESTADUAL

As funções de tabelião e oficial de registro são criadas por lei estadual e providas pela autoridade estadual competente segundo a lei de cada unidade federativa, com fundamento no poder reservado aos Estados pela Constituição Federal (art. 25, § 1º).

Cabe ainda aos Estados dispor sobre a distribuição de competência entre notários e oficiais de registro, observadas as normas da lei federal (CF, art. 25, § 1º).

14. FISCALIZAÇÃO PELO PODER JUDICIÁRIO

De acordo com o disposto no art. 236, § 1º, da Constituição Federal, compete ao Poder Judiciário fiscalizar a atividade dos tabeliães de protesto, bem como a dos demais tabeliães e a dos oficiais de registro.

Seus atos são fiscalizados pelo Poder Judiciário de cada Estado, por intermédio das respectivas Corregedorias, que, no exercício da função fiscalizadora, expedem normas de serviço, de natureza administrativa.

PARTE II

O protesto segundo a lei em vigor

Capítulo I

PROTESTO: DEFINIÇÃO LEGAL E FINALIDADE

1. DEFINIÇÃO LEGAL

Nos termos do art. 1º da Lei de Protesto (LP) n. 9.492/97, protesto é "o ato formal e solene pelo qual se prova a inadimplência e o descumprimento de obrigação originada em títulos e outros documentos de dívida".

Essa definição não é de todo exata, uma vez que o protesto serve para provar não só a inadimplência ou descumprimento da obrigação, como na recusa do pagamento pelo aceitante de uma letra de câmbio ou do emitente de uma nota promissória, mas também a recusa do aceite, que não é necessariamente uma obrigação, como o aceite de uma letra de câmbio, pois o sacado não tem nenhuma obrigação cambial ou legal de aceitar a letra.

Como antes exposto, *protesto notarial* é um ato *público, autêntico, formal* e *solene*, que certifica a recusa do aceite ou do pagamento de um título.

2. ATO JURÍDICO SOLENE

Por ser praticado por autoridade pública ou com sua colaboração, considera--se *solene* o ato jurídico do protesto cambial ou notarial (cf. ORLANDO GOMES, n. 225, 1965, p. 257).

3. LEI APLICÁVEL

No que concerne aos títulos cambiais emitidos em um país, mas aceitáveis ou pagáveis em outro, dispõe o art. 8º da Convenção destinada a regular conflitos de leis em matéria de letras de câmbio e notas promissórias (CCL), promulgada pelo Decreto n. 57.663/66, que a forma e os prazos do protesto são regulados pela lei do país em cujo território se deva realizar.

Assim, emitida uma letra de câmbio ou nota promissória no exterior para ser paga no Brasil, aplica-se a lei brasileira sobre a forma e os prazos do protesto. Vice-versa, emitido um título cambial no Brasil para pagamento em outro país, seu protesto deve ser regulado pela lei desse país.

4. FINALIDADE DO PROTESTO

O protesto notarial tem por fim constituir uma prova segura da recusa do aceite ou do pagamento de um título, estabelecendo uma presunção *iuris tantum* desse fato. É um ato necessário para assegurar ao portador de um título o direito de regresso contra os endossantes e o sacador.

A recusa do aceite ou do pagamento não precisa ser expressa. Basta que o destinatário da intimação do título apresentado a protesto por falta de aceite ou de pagamento, expedida pelo notário, deixe escoar o prazo legal sem proceder a um ou a outro, para que fique caracterizada a recusa.

5. TÍTULOS E OUTROS DOCUMENTOS DE DÍVIDA

A LP refere-se a "títulos e outros documentos de dívida". Assim, como antes mencionado, são protestáveis não só os títulos de crédito, mas também outros documentos não contidos no conceito de *títulos de crédito*, como o contrato de câmbio, o crédito por aluguel de imóvel e a certidão da dívida ativa da Fazenda Pública.

Por motivo de concisão, diremos *protesto de título*, simplesmente, para significar "protesto de título ou de outro documento de dívida". De acordo com o entendimento de José de Mello Junqueira e Silvério Paulo Braccio, podem ser admitidos a protesto "outros documentos de dívida, que preencham os requisitos de 'liquidez, certeza e exigibilidade'" (JUNQUEIRA e BRACCIO, *circa* 2000, p. 35).

A Corregedoria Geral da Justiça do Estado de São Paulo ratificou esse entendimento no Processo CJ n. 864/2004, decidindo, em caráter normativo, que podem ser protestados os "títulos executivos judiciais", de que trata o art. 585 do CPC/73 (arts. 515, V, e 784 do CPC/2015), desde que representem "obrigação certa, líquida e exigível", nos termos do art. 586 do CPC/73 (art. 783 do CPC/2015).

Assim, são protestáveis os títulos executivos extrajudiciais, a que se refere o art. 585 do CPC/73 (arts. 515, V, e 784, do CPC/2015), a saber:

I. a letra de câmbio, a nota promissória, a duplicata, a debênture e o cheque;

II. a escritura pública ou outro documento público; o documento particular assinado pelo devedor e por duas testemunhas; o instrumento de transação referendado pelo Ministério Público, pela Defensoria Pública ou pelos advogados dos transatores;

III. os contratos garantidos por hipoteca, penhor, anticrese e caução, bem como os de seguro de vida;

IV. o crédito decorrente de foro ou laudêmio;

V. o crédito, documentalmente comprovado, decorrente de aluguel de imóvel, bem como de encargos acessórios, como taxas e despesas de condomínio;

VI. o crédito de serventuário de justiça, de perito, de intérprete ou de tradutor, quando as custas, os emolumentos ou os honorários forem aprovados por decisão judicial;

VII. a certidão da dívida ativa da Fazenda Pública da União, do Estado ou do Distrito Federal;

VIII. todos os demais títulos a que, por disposição expressa, a lei atribuir força executiva.

Como exemplo do item VIII, menciona-se o contrato de câmbio (art. 75 da LP).

6. COMPETÊNCIA DO TABELIÃO DE PROTESTO

Compete ao tabelião de protesto, segundo a LP:

I. protocolar o título recebido para protesto, devolvendo ao apresentante o inquinado de irregularidade formal (arts. 5º e 9º);

II. intimar o sacado ou o obrigado principal da apresentação de um título para protesto por falta de aceite ou de pagamento, conforme o caso (art. 14);

III. receber o pagamento do título e dar quitação (art. 19);

I. decorrido o tríduo legal, sem ter havido verificação de irregularidade formal, aceite ou pagamento, desistência do apresentante ou sustação judicial, lavrar e registrar o protesto (art. 20);

IV. devolver ao apresentante o título protestado, acompanhado do instrumento do protesto (art. 20);

V. fornecer, quando requerida, certidão diária, em forma de relação, dos protestos registrados e dos cancelamentos efetuados, às entidades de proteção ao crédito (art. 29);

VI. fornecer a qualquer pessoa certidão, requerida por escrito, de protesto registrado e não cancelado, sem necessidade de o requerente declarar o motivo do pedido (art. 31).

7. LUGAR DO PROTESTO

Sendo a LP omissa quanto ao lugar do protesto, aplica-se o disposto no art. 28, parágrafo único, da Lei Saraiva (Decreto n. 2.044, de 1908), segundo o qual o protesto deve ser tirado no lugar indicado no título para o aceite ou o pagamento. Por *lugar de pagamento* deve-se entender o *município de pagamento*, isto é, o território do município onde o título deve ser apresentado a pagamento.

A Lei Cambial italiana, de 1933, contém disposição interpretativa, segundo a qual se considera *lugar de pagamento*, para os efeitos legais, o território da *comuna* (equivalente ao nosso *município*) onde a cambial é pagável (art. 99).

Essa interpretação parece aproveitável no sistema jurídico brasileiro. Assim, devemos entender por *lugar de pagamento*, quanto ao título pagável no Brasil, o *município* onde deva ser pago, que o é também, como regra geral, o lugar (isto é, município) onde deve ser tirado o protesto. Nessas condições, se no título estiver indicado como lugar de pagamento "São Paulo", o título é pagável e, portanto, protestável no município de São Paulo.

No mesmo sentido, Egberto Lacerda Teixeira, que se refere, com menos precisão, à *cidade* (TEIXEIRA, 1988, p. 60). *Cidade* é um termo geográfico ambíguo, e não um conceito jurídico unívoco, como *município*.

De acordo com o Provimento n. 30/97 da Corregedoria Geral da Justiça do Estado de São Paulo, o título só pode ser protestado no tabelionato do lugar onde deva ser apresentado a aceite ou pagamento.

Ainda de acordo com o Provimento, não sendo requisito do título e não havendo indicação da praça de aceite ou pagamento, será considerada lugar do protesto a praça do estabelecimento do sacado ou devedor. Na falta dessa indicação, far-se-á o protesto na praça do credor ou devedor.

"Praça de pagamento" é o mesmo que "lugar de pagamento", significando ambas as expressões, repetimos, o *município* de pagamento, ou seja, o território do município onde o título é pagável e, consequentemente, protestável.

8. CHEQUE: ONDE PODE SER PROTESTADO

O cheque pode ser protestado no lugar do pagamento ou do domicílio do emitente, segundo o disposto no art. 6º da LP.

9. PROTESTO NECESSÁRIO E NÃO NECESSÁRIO

O protesto notarial compreende duas espécies: o *protesto necessário* e o *protesto não necessário*, também chamado *facultativo*.

10. PROTESTO NECESSÁRIO

Necessário se diz do protesto para habilitar o portador ao exercício do direito de regresso contra os endossantes e o sacador da letra de câmbio ou da duplicata, e respectivos avalistas, bem como contra os endossantes da nota promissória e os respectivos avalistas.

O protesto é também necessário para a execução da duplicata sem aceite (Lei n. 5.474/68, arts. 15, II, e 20, § 3º), bem como para instruir o pedido de falência do devedor (Lei de Falência, art. 94, § 3º) e para ajuizar ação executiva do contrato de câmbio (Lei n. 4.728/65, art. 75).

No contrato de alienação fiduciária em garantia, a comprovação da mora é imprescindível à busca e apreensão do bem alienado fiduciariamente, nos termos da Súmula n. 72 do STJ.

A mora, no caso, decorre do simples vencimento do prazo para pagamento, podendo ser comprovada por carta registrada – expedida por intermédio do Registro de Títulos e Documentos – ou pelo protesto do título, a critério do credor (Decreto-lei n. 911, art. 2º, § 2º).

Quanto ao cheque, a recusa de seu pagamento deve ser comprovada pelo protesto ou por uma declaração do banco sacado ou da câmara de compensação, escrita ou datada sobre o cheque, podendo sua execução contra os endossantes e respectivos avalistas ser promovida se apresentado a pagamento em tempo hábil e provada a recusa do pagamento por uma das formas sobreditas.

Nessas condições, não se pode afirmar que o protesto do cheque seja necessário para ajuizar a execução dos endossantes e seus avalistas, muito menos do emitente, que é o principal obrigado.

O portador que não procede em tempo oportuno ao protesto necessário do título perde o direito de regresso contra os endossantes, o sacador e os respectivos avalistas da letra de câmbio e da duplicata (Lei Uniforme, art. 53, e Lei n. 5.474/68, art. 13, § 4º), bem como contra os endossantes da nota promissória (Lei Uniforme, art. 53 c/c art. 77).

Quanto ao protesto destinado a instruir o pedido de decretação de falência do devedor, embora necessário, a lei não estabelece prazo para requerê-lo, podendo, pois, o protesto ser pedido a qualquer tempo.

11. PROTESTO NÃO NECESSÁRIO

O protesto é *não necessário* para a execução do devedor principal, ou seja, o aceitante da letra de câmbio, o emitente da nota promissória, o emitente do cheque e o aceitante da duplicata, e os respectivos avalistas, porque o exercício da ação cambial executiva contra esses obrigados não depende de protesto.

No que concerne à duplicata, embora o protesto seja necessário para propor ação executiva do título não aceito contra o sacado, a lei não estabelece prazo de decadência para esse fim, estando, porém, a pretensão cambial sujeita à prescrição (Lei n. 5.474/68, art. 18).

O protesto que denominamos *não necessário* comumente se diz *facultativo*, o que não é de todo exato, visto que todo protesto, mesmo o necessário, é, a rigor, facultativo. O portador não tem a obrigação, senão o ônus de interpor o protesto com o fim de assegurar o direito de regresso (no mesmo sentido, COMPARATO, 1991, p. 82).

12. ÔNUS E OBRIGAÇÃO

Na Teoria Geral do Direito, o ônus difere da obrigação, porque o cumprimento da obrigação pode ser exigido pelo credor, enquanto o ônus não representa uma prestação exigível de alguém, mas um ato que se pratica em seu próprio interesse, sob pena de sofrer a perda de um direito ou de uma faculdade, por deixar de fazê-lo. Assim é, por exemplo, o caso do réu, que citado, deixa de contestar a ação, ficando, em consequência, sujeito aos efeitos da revelia (CPC/73, art. 319; CPC/2015, art. 344).

Embora não necessário, o protesto, desde que não abusivo, é um recurso legítimo à disposição do portador para exigir o pagamento do que lhe é devido. O devedor teme, naturalmente, os efeitos negativos do protesto em seu crédito.

Capítulo II

DISPOSIÇÕES ESPECIAIS SOBRE O PROTESTO

1. CASOS DE IMPEDIMENTO AO PROTESTO

Além das hipóteses de verificação de vício formal, o protesto não será lavrado:

I.   em caso de desistência do apresentante (LP, art. 16 c/c art. 20);
II. em caso de sustação judicial (art. 17 c/c art. 20);
II. em caso de aceite ou pagamento (art. 19 c/c art. 20).

2. LETRA DE CÂMBIO EM FAVOR DO PRÓPRIO SACADOR

Por determinação do Provimento n. 30/97, da Corregedoria Geral da Justiça do Estado de São Paulo, não pode ser protestada por falta de pagamento, salvo se houver circulado por endosso, a letra de câmbio sem aceite, sacada a favor do próprio sacador.

3. PROTESTO DE CHEQUE: REQUISITOS

De acordo com o art. 6º da LP, para o protesto de cheque deve constar prova de sua apresentação ao banco sacado. Essa prova consiste na declaração do sacado ou da câmara de compensação, escrita e datada sobre o cheque, indicando-se o dia da apresentação (Lei n. 7.357/85, art. 47, II).

Nos termos do Provimento n. 30/97, da Corregedoria Geral da Justiça do Estado de São Paulo, a declaração do banco deve mencionar o motivo da recusa de pagamento.

O apresentante do cheque a protesto deve indicar, sempre que possível, o endereço completo do devedor (LP, art. 14), com o número do CEP e telefone, se houver (JUNQUEIRA e BRACCIO, *circa* 2000, p. 28), evitando-se, dessa forma, a intimação por edital.

O cheque em moeda estrangeira deve ser pago em moeda nacional, cumprindo ao portador fazer a conversão ao câmbio no dia da apresentação a protesto, observada a legislação especial (JUNQUEIRA e BRACCIO, *circa* 2000, p. 28).

4. CONTA CONJUNTA

De acordo com o Processo CG n. 1.488/96 da Corregedoria Geral da Justiça do Estado de São Paulo, no caso de conta conjunta figurará no índice de protestos apenas o emitente, com seu CPF ou RG.

5. CHEQUE FURTADO, ROUBADO, PERDIDO OU FRAUDADO

Por determinação do Provimento n. 13/2002, alterado pelo Provimento n. 6/2006, da Corregedoria Geral da Justiça do Estado de São Paulo, é vedado o protesto de cheque devolvido pelo estabelecimento bancário sacado por motivo de furto, roubo ou extravio de cheque, ou de folhas de cheque, ou por motivo de fraude.

Em outras palavras, não pode ser protestado o cheque devolvido pelos motivos 20, 25, 28, 30 e 35 da Resolução n. 1.682/90 do Conselho Monetário Nacional, desde que não tenha circulado por endosso, nem esteja garantido por aval.

Ainda de acordo com o Provimento n. 13/2002, existindo endosso ou aval, o protesto desses cheques não dependerá de nenhuma intimação e, do registro de protesto, não constarão o nome e o número do CPF do titular da respectiva conta bancária, anotando-se no campo próprio que o emitente é desconhecido, caso em que será elaborado índice em separado, pelo nome do apresentante.

6. TÍTULO EM MOEDA ESTRANGEIRA

A LP admite, no art. 10, o protesto de título em moeda estrangeira, emitido no exterior, desde que acompanhado de tradução feita por tradutor público juramentado.

Acrescenta o § 1º que, do registro do protesto, devem constar a descrição do documento e sua tradução. De acordo com o § 2º, o pagamento deve ser feito em moeda nacional, cumprindo ao apresentante efetuar a conversão monetária no ato da apresentação do documento para protesto.

A nosso ver, o credor deve indicar a taxa de câmbio usada, bem como apresentar memória de cálculo da conversão, para anotação no protocolo e controle do devedor.

No mesmo sentido é João Roberto Parizatto, segundo o qual o credor deve comprovar a cotação, exibindo, por exemplo, um jornal que informe a taxa de câmbio, de modo que se evite não só o locupletamento indevido do credor, mas também a impugnação do devedor ao valor indicado (PARIZATTO, 2010, p. 25).

Cumpre ao tabelião de protesto observar o disposto no Decreto-lei n. 857/69 e a legislação complementar ou superveniente (§ 3º), ficando subentendido que, também nesse caso, se fará a conversão em moeda nacional.

O art. 315 do Código Civil contém disposição substancialmente idêntica ao declarar que as dívidas em dinheiro devem ser pagas em moeda corrente, excetuados, conforme acrescenta o art. 318, os casos previstos em lei especial.

E a Lei n. 10.192/2001, que dispôs sobre medidas complementares ao

Plano Real, após estabelecer, no art. 1º, a regra de que as obrigações pecuniárias exequíveis no território nacional devem ser pagas em real, no parágrafo único veda, sob pena de nulidade, quaisquer obrigações vinculadas a moeda estrangeira, ressalvadas as exceções previstas no art. 2º do Decreto-lei n. 857/69 e na parte final do art. 6º da Lei n. 8.880/94, conforme exposto a seguir.

7. PAGAMENTO EM MOEDA ESTRANGEIRA: HIPÓTESES LEGAIS

O Decreto-lei n. 857/69 admite o pagamento de obrigações em moeda estrangeira no território nacional nas seguintes hipóteses (art. 2º):

I. contratos e títulos referentes a importação ou exportação de mercadorias;

II. contratos de financiamento ou de prestação de garantias relativos às operações de exportação de bens de produção nacional vendidos a crédito para o exterior;

III. contratos de compra e venda de câmbio em geral;

IV. empréstimos e quaisquer outras obrigações cujo credor ou devedor seja pessoa residente e domiciliada no exterior, excetuados os contratos de locação de imóveis situados no território nacional;

V. contratos que tenham por objeto a cessão, transferência, delegação, assunção ou modificação das obrigações referidas no item anterior, ainda que ambas as partes contratantes sejam pessoas residentes ou domiciliadas no País.

A Lei n. 8.880/94, após declarar nula de pleno direito a contratação de reajuste vinculado à variação cambial, no art. 6º ressalva, além das hipóteses previstas em lei especial, os contratos de arrendamento mercantil celebrados entre pessoas residentes e domiciliadas no País, com base na captação de recursos provenientes do exterior.

DISPOSIÇÕES ESPECIAIS SOBRE O PROTESTO

As hipóteses de pagamento em moeda estrangeira dizem respeito ao pagamento fora do tabelionato. O pagamento em cartório há de ser feito sempre em moeda nacional.

Deve o notário verificar, para fins de protesto, se o título em moeda estrangeira, emitido no Brasil, se enquadra em uma dessas hipóteses (LP, art. 10, § 3º).

8. CORREÇÃO MONETÁRIA

Conforme o disposto no art. 11 da LP, tratando-se de título sujeito a qualquer tipo de correção monetária, apresentado a protesto, o pagamento será feito com base no índice de conversão vigorante no dia da apresentação e no valor indicado pelo apresentante.

Segundo Mello Junqueira e Silvério Braccio, em tal hipótese deve o credor fornecer a memória de cálculo da correção monetária ao tabelionato de protesto (JUNQUEIRA e BRACCIO, *circa* 2000, p. 13).

A Lei n. 10.192/2001 admite a correção monetária em obrigações com prazo de duração igual ou superior a um ano (art. 2º, *caput*), declarando nula de pleno direito a correção por período inferior (art. 2º, § 1º).

9. TÍTULO EM LÍNGUA ESTRANGEIRA

Embora o art. 10 da LP só se refira ao protesto de título em moeda estrangeira, entendemos que, para fins de protesto, deve ser traduzido qualquer título redigido em língua estrangeira, provindo ou não do exterior, seja ou não representativo de dívida em moeda estrangeira.

Com efeito, dispõe o art. 224 do Código Civil que os documentos redigidos em língua estrangeira devem ser traduzidos para ter efeitos legais no País.

Por aplicação extensiva do disposto no art. 10 da LP, deve o título em língua estrangeira, seja ou não de dívida em moeda de outro país, ser acompanhado de versão em vernáculo, firmada por tradutor juramentado.

O registro do protesto de documento redigido em língua estrangeira, desacompanhado de tradução, seria incompatível com sua publicidade. Com efeito, como se daria certidão do protesto nessa hipótese?

Dada a exiguidade do prazo para requerer o protesto por falta de pagamento da cambial, com o fim de assegurar o direito de regresso, deve o portador providenciar com urgência a tradução juramentada, convindo lembrar que, para a ação cambial executiva contra o principal obrigado (o aceitante da letra de câmbio ou o emitente da nota promissória), não é necessário o protesto.

Querendo conservar o direito de regresso, não se dê o portador por achado; cuide de procurar com antecedência um tradutor oficial (*dormientibus non sucurrit ius*)...

Capítulo III

PROTESTO PARA FINS FALIMENTARES

1. LUGAR DO PROTESTO

Conforme decisão do STJ, o protesto especial, para constituir o devedor em mora para efeitos falimentares, deve ser lavrado no cartório do domicílio do devedor (REsp n. 418.371, 4ª Turma, rel. Min. Cesar Asfor Rocha, *DJU* 25.11.2002).

Se o protesto já foi lavrado no tabelionato do lugar de pagamento, deve ser lavrado novamente no lugar do domicílio do devedor. O primeiro protesto não é nulo, sendo eficaz para outros efeitos legais, mas é ineficaz para os efeitos de falência.

É a única hipótese em que pode ser tirado duas vezes o protesto do mesmo título e pela mesma importância reclamada.

2. INTIMAÇÃO PESSOAL DO DEVEDOR

Diz a Súmula n. 361 do STJ que "a notificação do protesto, para requerimento de falência da empresa devedora, exige a identificação da pessoa que a recebeu".

Bem interpretada a Súmula, cumpre ao tabelião de protesto notificar (*rectius*: intimar) o devedor, não do protesto, mas da apresentação do título a protesto, exigindo-se a identificação da pessoa que recebeu a intimação.

3. INTIMAÇÃO POR EDITAL

Segundo decisão do STJ, quando não for possível obter a identificação de quem se recusou a assinar a carta registrada, é de rigor a realização da intimação do protesto por edital, como requisito para instruir o pedido de falência (REsp n. 1.052.495, 3ª Turma, rel. Min. Massami Uyeda, *DJ* 08.09.2011).

A decisão do STJ refere-se a carta registrada, o que pressupõe a sua remessa pelo correio. A nosso ver, se a carta de intimação for entregue ao destinatário por preposto do tabelião de protesto, sendo este, como o é, dotado de fé pública, pode o notário certificar a recusa do destinatário em recebê-la, considerando-se o destinatário destarte intimado para todos os efeitos legais.

4. INTIMAÇÃO DO ENDOSSANTE

O STJ decidiu que o pedido de falência do endossante de uma cambial deve ser instruído com a certidão de que foi intimado do protesto do título (*rectius*: da apresentação do título a protesto), notando o Relator: "O endossante não pode ser surpreendido com o pedido de falência" (REsp n. 435.279/SP, 4ª Turma, rel. Min. Ari Pargendler, decisão por maioria, *DJ* 26.11.2008).

Como regra geral, deve ser intimado, da apresentação de um título a protesto, o sacado ou o obrigado principal, e não o sacador, avalista ou endossante.

No caso especial de protesto para instruir o pedido de decretação de falência do endossante, deve este ser também intimado, conforme a referida decisão do STJ.

Capítulo IV

PROTESTO DE DUPLICATAS

1. DOCUMENTOS NECESSÁRIOS

No Estado de São Paulo, por determinação do Provimento n. 30/97 da Corregedoria Geral da Justiça, as duplicatas mercantis ou de prestação de serviço não aceitas somente podem ser protestadas mediante apresentação de documento que comprove a compra e venda mercantil ou a efetiva prestação do serviço e o vínculo contratual que a autorizou.

No caso da duplicata mercantil, ainda de acordo com o Provimento n. 30/97, deve ser também apresentado, para o protesto, comprovante da entrega ou recebimento da mercadoria, que deu origem ao saque.

A apresentação dos mencionados documentos, conforme o Provimento, pode ser substituída por declaração escrita do portador ou apresentante do título, feita sob as penas da lei, de tê-los em seu poder, no original ou em cópia autenticada, com o compromisso de exibi-los a qualquer momento em que exigidos e no lugar em que for determinado, especialmente no caso de sobrevir sustação judicial do protesto.

Para as duplicatas de prestação de serviço, não existe disposição análoga, sendo, portanto, obrigatória e insubstituível a apresentação de documento que comprove o vínculo contratual que a fundamentou e a efetiva prestação do serviço.

Segundo Mello Junqueira e Silvério Braccio, os contratos de prestação de serviços não são feitos, em sua grande maioria, por escrito.

> Daí o entendimento firmado de que, apresentada a duplicata ou triplicata acompanhada do comprovante da efetiva prestação e recebimento do serviço, demonstrado está o vínculo que o autorizou, dispensando-se, assim, documento escrito que o comprove (JUNQUEIRA e BRACCIO, *circa* 2000, p. 26).

Ainda na esteira do Provimento n. 30/97, tendo havido endosso não translativo, lançado no título apenas para cobrança por mandatário do sacador, a declaração pode ser feita pelo sacador-endossante ou pelo endossatário e apresentante.

Neste último caso, da declaração deve constar que o apresentante é mero mandatário e age por conta e risco do mandante, com quem os mencionados documentos permanecem arquivados para uso oportuno, se necessário.

Do instrumento de protesto, diz ainda o Provimento, constará obrigatoriamente a descrição resumida dos documentos apresentados ou da declaração substitutiva.

2. PROTESTO DE DUPLICATA POR INDICAÇÕES DO PORTADOR

De acordo com o parágrafo único do art. 8º da LP, o tabelião pode receber para protesto, por meio magnético ou eletrônico, as indicações de duplicatas de venda mercantil e de prestação de serviços, sendo de inteira responsabilidade do apresentante os dados fornecidos.

Conforme o disposto no mesmo parágrafo, nesse caso fica a cargo do tabelionato a mera instrumentalização das indicações, ou seja, a incumbência de imprimi-las e prosseguir nas demais fases do protesto, servindo o impresso, em tantas vias quantas necessárias, para intimação do devedor e guia de pagamento no banco ou em cartório.

2.1. Pressuposto do protesto de duplicata por indicações

O protesto da duplicata por indicações pressupõe a sua remessa ao sacado para aceite e sua não devolução no prazo legal, nos termos dos arts. 7º e 8º da Lei de Duplicatas.

Na prática, essa norma é raramente cumprida, seja pelos sacadores, seja pelos sacados. Os primeiros, porque habitualmente não fazem a remessa; os segundos, porque, se e quando recebem a duplicata para aceite, não a devolvem ao sacador.

3. RECUSA DO ACEITE DE DUPLICATA

O sacado deve devolver a duplicata ao sacador ou a seu representante, dentro de dez dias, contados de seu recebimento, devidamente aceita ou acompanhada de declaração, por escrito, com as razões da falta de aceite, nos termos dos arts. 7º e 8º da Lei n. 5.474/68.

Não devolvida a duplicata no prazo legal, pode o protesto ser lavrado com base nas indicações do portador. O envio, ao sacador, da declaração das razões da recusa do aceite, deve ser provado, para que produza efeitos legais. A prova pode ser feita por notificação expedida por intermédio do Registro de Títulos e Documentos.

4. ENVIO DAS INDICAÇÕES DE DUPLICATA PARA PROTESTO, EM FORMA ELETRÔNICA

O art. 8º, parágrafo único, da LP prevê o envio das indicações de duplicata para protesto, em forma eletrônica. Normalmente, as empresas vendedoras ou prestadoras de serviço, quando remetem suas duplicatas ao banco para cobrança ou em garantia de empréstimo, enviam-lhe um borderô por meio eletrônico.

Com base nesse borderô, o banco transmite aos cartórios de protesto, por processo eletrônico, as duplicatas para protesto. Em caso de falta de pagamento, o banco, na qualidade de mandatário do sacador, pede o protesto das duplicatas após consulta a este último, na hipótese de as duplicatas estarem em poder do estabelecimento de crédito para simples cobrança, assim como podem fazê-lo independentemente de consulta, na hipótese de estarem as duplicatas no banco como garantia de empréstimo.

4.1. Duplicatas remetidas ao banco: simples cobrança e caução

O sacador pode remeter as duplicatas ao banco para simples cobrança ou em caução de empréstimo. Como foi mencionado, hoje a remessa de duplicatas ao banco é geralmente feita por meio eletrônico.

Evitamos falar em duplicatas endossadas a um banco, porque, sendo esses títulos normalmente emitidos e transmitidos em forma eletrônica, já não há propriamente o endosso, que pressupõe uma base material. Há simplesmente a transferência dos títulos a um estabelecimento de crédito para fins de cobrança. Da mesma forma, já não existem o aceite e o aval.

Em qualquer dos casos, quer as duplicatas sejam postas em banco para simples cobrança, quer em caução de empréstimo, a agência bancária expede aviso ao sacado, o chamado *boleto*, indicando as características do título e a data de vencimento.

4.2. Simples cobrança

O banco pode prestar a seu cliente simples serviço de cobrança, caso em que atua na qualidade de mandatário do sacador, com poderes para cobrar as duplicatas, receber seu valor, dar quitação e, em caso de falta de pagamento, enviá-las a protesto.

4.3. Caução

Em vez de mero serviço de cobrança, o banco pode conceder empréstimo a seu cliente, mediante caução das duplicatas recebidas. A caução pode ser real ou fidejussória. A caução real, ou *penhor*, incide, no caso, sobre direitos de crédito. A caução fidejussória é também denominada *fiança*.

Os arts. 1.451 e seguintes do Código Civil dispõem sobre o penhor de direitos mobiliários e títulos de crédito. Quanto às duplicatas dadas ao banco em penhor, ou caução, pelo emitente, recai a garantia sobre direitos de crédito, e não sobre as próprias duplicatas, uma vez que esses títulos são hoje emitidos normalmente por meio eletrônico.

No caso de mútuo, o sacador remete a seu banco o borderô das duplicatas em forma eletrônica, a título de caução. As duplicatas dadas em caução são recebidas pelo banco com deságio.

Por exemplo, se o sacador entrega ao banco, em caução, duplicatas cuja soma importa em cem mil reais, o banco lhe empresta 70 mil reais, com um deságio, portanto, de 30% sobre o seu valor nominal.

As duplicatas caucionadas dizem-se *vinculadas*, na linguagem bancária. No caso de falta de pagamento de duplicata vinculada, o banco, como interessado, pode enviá-la a protesto por iniciativa própria.

5. IMPUGNAÇÃO DO PROTESTO DE DUPLICATA POR INDICAÇÕES

A experiência mostra que dificilmente o sacado se opõe à cobrança judicial ou extrajudicial de duplicata protestada por indicações do portador: i) ou porque reconhece a dívida e paga logo, ou faz acordo, para não lhe crescerem o descrédito e as despesas; (ii) ou porque está insolvente, caso em que ao credor não resta senão lançar o prejuízo em "créditos duvidosos", eufemismo contábil para créditos incobráveis.

6. IMPUGNAÇÃO JUDICIAL DO PROTESTO

Os casos de impugnação judicial da cobrança de duplicata apresentada a protesto por indicações do portador geralmente dizem respeito a dívida inexistente, dívida controversa ou já paga, ou a devolução da mercadoria por estar em desacordo com o pedido, abrindo ensejo à sustação liminar do protesto ou, se já lavrado este, à suspensão liminar dos seus efeitos ou ao seu cancelamento.

7. SUSTAÇÃO JUDICIAL DE PROTESTO DE DUPLICATA POR INDICAÇÕES

Para ilustrar este ponto, referimos a seguir dois casos típicos de sustação judicial de protesto de duplicata por indicações do portador.

7.1. Protesto indevido de duplicata quando a mercadoria foi devolvida por divergir do pedido

De acordo com a jurisprudência do TJSP, cabe sustação de protesto ou dos efeitos do protesto, quando a mercadoria for devolvida por divergir do pedido.

I.   Na APL n. 201.196/SP, decidiu o Tribunal (ementa):

> Duplicata. Protesto. Hipótese em que a devolução da mercadoria já havia sido comunicada, dada a divergência com o pedido. Saque e protesto indevidos (20ª Câmara de Direito Privado, rel. Des. Luiz Carlos de Barros Figueirêdo, publ. 21.08.2012).

II. No AI n. 99.109.053.841-3/SP, entendeu o Tribunal (ementa):

> Sustação de efeitos do protesto. Devolução de mercadorias adquiridas. Inadequação do material adquirido frente às especificações exigidas. Vício redibitório. Nota fiscal para devolução recebida pelo fornecedor.
> A diligência para devolução imediata dos produtos recebidos, que não atendem às especificações exigidas, deve atender à essencial formalidade de emissão de documento fiscal adequado, a ser acompanhada das razões que fundamentam a justa causa para devolução (18ª Câmara de Direito Privado, Rel. Des. Alexandre Lazzarini, pub. 01.06.2010).

7.2. Protesto indevido de duplicata quando pendente demanda judicial sobre seu valor

Segundo a jurisprudência, cabe sustação de protesto quando pendente de julgamento a ação principal sobre o valor do título apresentado a protesto.

I.   No AI n. 0297.832-6/SP, decidiu o TJSP (ementa):

Enquanto pendente demanda na qual o montante do débito esteja sendo discutido, é lícita a sustação do protesto ao título representativo da dívida, por decisão judicial, sobretudo porque são notórios os constrangimentos decorrentes da lavratura do ato público, muitos dos quais afinal acabam se revelando injustos, dando azo a indenização de natureza pecuniária (26ª Câmara de Direito Privado, rel. Des. Renato Sartorelli, publ. 17.02.2012).

II.   No Ag n. 70.008.238.271, entendeu o TJRS (ementa):

1. Enquanto *sub judice* a existência do débito ou o montante que a ele corresponde, autorizada está a concessão da tutela antecipatória, no sentido de que seja suspensa a inscrição do nome do devedor nos cadastros de inadimplentes.

2.   Havendo possibilidade razoável de que a revisão pretendida pela agravante seja julgada procedente, com o que é possível que já esteja quitado o débito que mantém junto à instituição agravada, é bastante plausível que se autorize a suspensão da cobrança dos cheques que se encontram em poder da recorrida, até o deslinde da demanda principal.

3.   Pendente ação revisional do contrato em discussão, é vedado à instituição financeira protestar qualquer espécie de título oriundo do contrato em discussão" (12ª Câmara Cível, rel. Des. Marcelo Cezar Müller, j. 04.03.2004).

8. PROTESTO DE BOLETO BANCÁRIO

Intimamente relacionado com o protesto de duplicata por indicações, figura o boleto bancário. Sendo mero aviso de cobrança, não é um documento em si mesmo protestável, porque lhe falta uma base material, e não pode, nessas condições, sequer ser considerado um documento em sentido estrito.

O que pode ser protestado, nos termos do art. 13, § 1º, da Lei de Duplicatas, e do art. 8º, da Lei de Protesto, é a duplicata por indicações do portador, remetidas, em geral, eletronicamente ao banco para cobrança ou em caução de empréstimo, que dá origem aos boletos. No caso da duplicata, não se deve, pois, confundir, como o fazem alguns, as *indicações* do sacador com os *boletos*.

Capítulo V

EFEITOS DO PROTESTO

1. EFEITOS LEGAIS E EXTRALEGAIS

O protesto pode produzir efeitos legais e extralegais.

2. EFEITOS LEGAIS

Ao protesto notarial, coligam-se os seguintes efeitos legais:

I.   assegurar o exercício do direito de regresso contra os endossantes, o sacador e os respectivos avalistas (Lei Uniforme, arts. 43 e 44, alínea 1ª, c/c art. 77);

II.   interromper a prescrição (Código Civil, art. 202, III);

III.   possibilitar o pedido de decretação de falência do devedor (Lei de Falências, art. 94, § 3º);

IV.   servir de base para a fixação do termo legal da falência (Lei de Falências, art. 99, II);

V.   comprovar a mora do devedor, no contrato de alienação fiduciária em garantia (Decreto-lei n. 911/69, art. 2º, § 2º);

VI. alimentar o banco de dados das entidades de proteção ao crédito (LP, art. 29);

VII. constituir o devedor em mora, nas obrigações sem prazo assinado (Código Civil, art. 397, parágrafo único, e Lei de Protesto, art. 40);

VIII. constituir o devedor em mora, para efeitos de falência (Lei de Falência, art. 94, § 3º).

3. EFEITOS EXTRALEGAIS

Nas hipóteses em que o protesto é desnecessário, sua interposição gera pressão no devedor para que pague, pela ameaça de descrédito que o mercado associa ao nome de quem tem título protestado.

Diz, a propósito, Pedro Vieira Mota:

> A noção clássica do protesto cambial, como simples *registro* da recusa de aceite ou pagamento, que era correta, tornou-se há muito incompleta. O instituto, além daquela finalidade primitiva e fundamental, adquiriu entre nós uma função nova mais importante, mercê de nossa realidade socioeconômica e de seus reflexos no campo jurídico. Converteu-se, de fato, em uma *execução forçada* (VIEIRA MOTA, 1990, p. 13).

4. COMENTÁRIO A CADA UM DOS EFEITOS LEGAIS DO PROTESTO

A seguir, comentaremos cada um dos efeitos legais do protesto.

4.1. Exercício do direito de regresso

De acordo com o art. 43 da Lei Uniforme, o portador da letra de câmbio pode exercer seu direito de regresso contra os endossantes, o sacador e os respectivos avalistas (a tradução oficial portuguesa refere-se impropriamente a *direito de ação*, enquanto o original francês se refere a "direito de regresso" – *"recours"* – que pode ser exercido judicial ou extrajudicialmente):

I. no vencimento, se o pagamento não foi efetuado;

II. mesmo antes do vencimento:

a. no caso de recusa, total ou parcial, do aceite;

b. nos casos de falência do sacado, seja ele aceitante ou não, de suspensão de seus pagamentos, ainda que não declarada por sentença (como na hipótese de ter sido deferido o processamento de sua recuperação judicial, conforme art. 6º da Lei de Falência – Lei n. 11.101/2005) ou de ter sido promovida, sem resultado, a execução de seus bens (como na hipótese do art. 94, II, da Lei de Falências);

c. no caso de falência do sacador de uma letra de câmbio não aceitável.

De acordo com a Lei Uniforme, o art. 44, alínea 1ª, a recusa do aceite ou do pagamento deve ser comprovada por um ato formal (protesto por falta de aceite ou por falta de pagamento).

Essas normas se aplicam ao exercício do direito de regresso contra os endossantes da nota promissória e seus avalistas, por força do art. 77 da mesma lei.

Segundo seu art. 53, uma vez expirado o prazo fixado para *fazer o protesto* por falta de aceite ou de pagamento, o portador perde o direito de regresso contra os endossantes, o sacador e os respectivos avalistas, sendo, pois, o protesto necessário para assegurar o exercício desse direito.

Segundo o disposto no art. 53 da Lei Uniforme, corretamente interpretada, expirado o prazo para *apresentar o título a protesto*, o portador perde o direito de regresso contra os endossantes, o sacador e os respectivos avalistas, sendo o protesto, portanto, necessário para assegurar o exercício desse direito, de acordo com o art. 28 da Lei Saraiva (Decreto n. 2.044, de 1908), nessa parte ainda em vigor.

Ora, nos termos da Convenção para regular conflito de lei, a forma e os prazos do protesto são regulados sobre a matéria (CCL).

Donde se conclui que prevalece a lei interna brasileira para dispor sobre a forma e os prazos do protesto que se deva fazer no Brasil (no mesmo sentido: PONTES DE MIRANDA, 1954, vol. I, p. 361; MERCADO JÚNIOR, 1971, p. 108; GRINBERG, 1983, p. 3).

Convém esclarecer que não perde o direito de propor ação cambial contra o aceitante da letra de câmbio ou o emitente da nota promissória por falta de pagamento do título o portador que não promover o protesto em tempo hábil, por se tratar de ação direta, e não de ação de regresso.

4.2. Interrupção da prescrição

Nos termos do art. 202, II, do Código Civil, o protesto cambial, isto é, o protesto notarial, interrompe a prescrição. Esse efeito não era previsto no Código Civil de 1916, cujo art. 172, II, estabelecia que interrompe a prescrição o "protesto, nas condições do número anterior".

O número anterior (I) referia-se à "citação pessoal feita ao devedor, ainda que ordenada por juiz incompetente". Em outras palavras, o termo *protesto*, mencionado no art. 172, II, era concernente ao protesto judicial.

4.3. Pedido de falência do devedor

De acordo com o art. 94, I, da Lei de Falência (Lei n. 11.201/2005),

> Será decretada a falência do devedor que, sem relevante razão de direito, não paga, no vencimento, obrigação líquida materializada em título ou títulos executivos protestados, cuja soma ultrapasse o equivalente a quarenta salários-mínimos na data do pedido de falência.

Segundo o art. 94, § 3º, dessa lei, o pedido de falência, na hipótese do inciso I, citado, será instruído com os títulos executivos no original (ou em cópia autenticada se estiverem juntados em outro processo), "acompanhados, em qualquer caso, dos respectivos instrumentos de protesto para fim falimentar, nos termos da legislação específica".

4.4. Fixação do termo legal da falência

Conforme o art. 99, II, da Lei de Falência, a sentença que decretar a falência do devedor, entre outras determinações,

> fixará o termo legal da falência, sem poder retrotraí-lo por mais de 90 dias contados do pedido de falência, do pedido de recuperação judicial ou do primeiro protesto por falta de pagamento, excluindo-se, para essa finalidade, os protestos que tenham sido cancelados.

O art. 129 da Lei de Falência declara ineficazes em relação à massa falida, entre outros atos do falido, o pagamento de dívidas não vencidas realizado pelo devedor dentro do termo legal da falência, a constituição de direito real de garantia, dentro do termo legal – tratando-se de dívida constituída anteriormente a este –, e a prática de atos a título gratuito, desde dois anos antes da decretação da falência.

4.5. Comprovação da mora do devedor

Conforme o art. 2º, § 2º, do Decreto-lei n. 911/69, a mora do devedor, no contrato de alienação fiduciária em garantia, decorre do simples vencimento do prazo para pagamento, podendo ser comprovada mediante carta registrada expedida por intermédio do Registro de Títulos e Documentos ou pelo *protesto do título*, a critério do credor. A comprovação da mora é necessária para requerer a busca e apreensão do bem alienado fiduciariamente (art. 3º e Súmula n. 72 do STJ).

4.6. Banco de dados

De acordo com o art. 29 da LP, o tabelião de protesto é obrigado a fornecer, quando requerida, certidão diária dos protestos registrados e dos cancelamentos efetuados, em forma de relação, às entidades de proteção ao crédito. Essas informações se destinam a alimentar o banco de dados dessas entidades, também conhecido como *cadastro de inadimplentes*.

4.7. Constituição do devedor em mora

Um dos efeitos legais do protesto notarial é constituir o devedor em mora. De acordo com o art. 397 do Código Civil, o inadimplemento da obrigação, positiva e líquida, em seu termo, constitui de pleno direito em mora o devedor. Acrescenta o parágrafo único que "não havendo termo, a mora se constitui mediante interpelação judicial ou extrajudicial".

O protesto notarial não deixa de ser uma forma de interpelação extrajudicial ao devedor, constituindo-o destarte em mora nas obrigações sem prazo determinado, como é o caso da cambial à vista e da cambial a tempo certo da vista. E uma das consequências da mora do devedor é a obrigação de pagar juros (Código Civil, art. 395).

Reafirma esse princípio o disposto no art. 40 da LP, segundo o qual a data do registro do protesto é o termo inicial da incidência de juros nas obrigações sem prazo assinado. O protesto é ainda necessário para constituir o devedor em mora, para efeitos de falência (Lei de Falências, art. 94, § 3º).

Capítulo VI

ORDEM DOS TRABALHOS

1. DISTRIBUIÇÃO

Segundo o art. 7º da LP, nas localidades onde houver mais de um tabelionato de protesto, os títulos destinados a protesto estão sujeitos a prévia distribuição.

A distribuição será feita por um serviço instalado e mantido pelos próprios tabelionatos ou, onde houver, pelo ofício distribuidor organizado antes da promulgação da LP.

Conforme o art. 8º dessa lei, os títulos recebidos pelo serviço de distribuição ou pelo ofício distribuidor serão separados e entregues no mesmo dia aos tabelionatos de protesto, obedecidos os critérios de quantidade e qualidade.

Em outras palavras, a distribuição deve ser equitativa, isto é, classificados os títulos por espécie (cheques, duplicatas e outros títulos) e por faixa de valor, serão eles distribuídos *pro rata* aos tabelionatos.

Não tendo sido possível proceder à distribuição *pro rata*, far-se-á a devida compensação nas distribuições seguintes, para que nenhum cartório seja prejudicado.

2. PROTOCOLO

De acordo com o art. 5º da LP, todos os documentos entrados no horário regulamentar serão protocolados dentro de 24 horas. Conforme o parágrafo único desse artigo, ao apresentante do título para protesto será dado recibo com suas características essenciais.

As características do título compreendem: sua espécie, valor e declarações nele contidas; nome, endereço e documento de identificação do devedor, assim como o nome e o endereço do credor; a espécie de protesto, se por falta de aceite, se por falta de pagamento; tipo de protesto, se comum ou se especial para requerer a falência do devedor.

Ainda de acordo com o mencionado parágrafo, é de responsabilidade do apresentante do título a protesto os dados fornecidos. Essa norma é completada pelo art. 27, § 1º, da mesma lei, segundo o qual o apresentante do título para protesto deve indicar, além do nome do devedor, o número deste no RG, constante da cédula de identidade, ou seu número de inscrição no CPF, se pessoa física, ou ainda o número da inscrição do devedor no CNPJ, se pessoa jurídica, cabendo ao apresentante do título para protesto fornecer esses dados, sob pena de recusa do título.

3. PRAZO PARA O REGISTRO DE PROTESTO

O protesto deve ser registrado dentro de três dias úteis, contados daquele em que o título foi protocolado (art. 12). Na contagem do prazo, exclui-se o dia da anotação no protocolo e inclui-se o do vencimento. É aplicação da regra constante do art. 132 do Código Civil. De acordo com o art. 12, § 2º, da LP, não se considera dia útil aquele em que não houver expediente bancário normal.

4. EXAME FORMAL DO TÍTULO

Como foi mencionado, são de responsabilidade do apresentante os dados fornecidos para o protesto do título, o que não quer dizer que o tabelião seja obrigado a receber cegamente os títulos apresentados. Compete-lhe examiná-los em seus caracteres formais, ou seja, quanto aos requisitos extrínsecos, recusando os que apresentarem vício de forma.

4.1. Exame prévio e posterior

O exame de admissibilidade se faz em duas oportunidades: antes de protocolado o título; depois de protocolado, mas antes de registrado o protesto.

Na primeira, o tabelião faz uma espécie de triagem dos títulos apresentados a protesto, antes de lançá-los no protocolo, recusando os que contenham irregularidade formal, com isso evitando intimações desnecessárias ou indevidas; na segunda, impede o protesto do título se verificar qualquer irregularidade formal não percebida em um primeiro exame.

4.2. Exame prévio

Segundo o art. 9º da LP, no exame do título apresentado a protesto, deve o notário ater-se às formalidades extrínsecas (requisitos formais), recusando o que estiver eivado de vício de forma.

Assim, não compete ao tabelião indagar sobre a licitude do negócio jurídico que deu origem à emissão ou à assinatura do título apresentado a protesto; desde que o título esteja formalmente perfeito, deve prosseguir no protesto.

Nos termos expressos da LP, não lhe cabe investigar a ocorrência de prescrição ou caducidade (art. 9º, *caput*). Ao devedor é que compete alegá-las, querendo, em ação cautelar de sustação do protesto ou, se já registrado este em ação cautelar de suspensão dos seus efeitos, ou, ainda, em ação anulatória de protesto.

Deve, pois, o notário recusar o título que não preencha os requisitos exigidos em lei. Entre outras irregularidades formais, podem mencionar-se a ausência de denominação da cambial, a falta de data da emissão e a inexistência de obrigação líquida.

A propósito, afirma Fábio Konder Comparato que o oficial de protestos age sempre por iniciativa de um particular, mas não se submete à vontade deste, e sim aos ditames legais. Citando Chiovenda, acrescenta que "o oficial de protestos não executa a vontade das partes, mas cumpre a vontade da lei, por iniciativa da parte (COMPARATO, 1991, n. 83, p. 82).

A competência desse oficial para apreciação do documento apresentado a protesto, diz ainda Comparato, restringe-se ao exame de sua regularidade formal, "a saber, a verificação da natureza cambiária do título, a legitimidade ativa do portador, o vencimento".

E, prosseguindo:

> Não lhe cabe, de forma alguma, investigar se o título foi obtido pelo portador legitimado, ou pelo apresentante, de modo abusivo, criminoso ou fraudulento (Pontes de Miranda, *Tratado de Direito Privado*, 3.ed., t. XXIII, § 3.923.2); ou se o negócio de base, que deu origem à emissão do título, é inválido ou ineficaz. Para o oficial de protestos, verdadeiramente, o que não está no título não está no mundo (COMPARATO, 1991, n. 83, p. 82).

4.3. Exame posterior

Tendo o título sido admitido a protesto em um primeiro exame, qualquer irregularidade formal posterior verificada pelo tabelião obstará ao registro do protesto (LP, art. 9º, parágrafo único).

5. DÚVIDAS DO TABELIÃO

Dispõe o art. 18, da mesma lei, que as dúvidas do tabelião de protesto serão resolvidas pelo juízo competente. Segundo o entendimento da Corregedoria Geral da Justiça do Estado de São Paulo, não cabe ao tabelião suscitar dúvida diretamente ao juiz, aplicando-se o disposto no art. 884 do CPC/73 (sem correspondente no CPC/2015), assim redigido:

> Art. 884. Se o oficial opuser dúvidas ou dificuldades à tomada do protesto ou à entrega do respectivo instrumento, poderá a parte reclamar ao juiz. Ouvido o oficial, o juiz proferirá sentença, que será transcrita no instrumento.

Fora a parte final, sobre a transcrição da sentença no instrumento do protesto, essa norma ainda se considera em vigor. A transcrição da sentença no instrumento do protesto já não é requisito do registro do protesto, nem de seu instrumento, de acordo com o disposto no art. 22 da LP.

6. DESISTÊNCIA DO PROTESTO

De acordo com o art. 16 da LP, pode o apresentante retirar o título, manifestando desistência do protesto. Cumpre ao tabelião acatar o pedido de desistência, pagos ao cartório as custas e os emolumentos. Motivos comuns para a desistência são a verificação de engano, o pagamento do título diretamente ao credor e o acordo entre devedor e credor.

Capítulo VII

INTIMAÇÃO

1. CONCEITO

Intimação, nos dizeres de Câmara Leal, "é o ato pelo qual se dá ciência a alguém dos atos e termos do processo" (apud FREDERICO MARQUES, 1971, vol. II, p. 365).

Distingue-se da *notificação*, porque nesta "se leva ao conhecimento de alguém o despacho ou decisão do juiz, pelo qual este ordena que faça ou deixe de fazer alguma coisa" (*ibidem*).

Transpostando essa noção de Direito Processual para o plano do Direito Cambial, ou Notarial, pode-se dizer que *intimação* é o ato pelo qual o notário dá ciência ao sacado ou ao devedor de que foi apresentado um título a protesto por falta de aceite ou pagamento.

De acordo com os princípios cambiais, o tabelião não deveria intimar o sacado ou o devedor "para aceitar ou pagar", como se costuma fazer na prática. Em outras palavras, o tabelião não tem competência para *mandar* ninguém aceitar ou pagar, como parecem sugerir os termos da intimação notarial de praxe. O notário simplesmente dá a alguém *ciência de um fato*, qual seja, da apresentação de um título a protesto.

Usualmente, a intimação feita pelo oficial de protesto vem redigida mais ou menos nestes termos: "Fica V.Sa. intimado a aceitar (ou pagar) o título/documento abaixo caracterizado, ou declarar porque não o faz, neste Tabelionato".

Essa fórmula, posto que habitual, não é de todo correta, pelas razões apontadas. Não obstante, a fórmula costumeira pode ser empregada sem consequências mais graves, pois não traz prejuízo a ninguém.

O sacado ou o devedor sabem que não estão recebendo uma ordem, mas um convite para aceitar ou pagar, sob pena de protesto. A intimação do sacado ou do devedor está regulada no art. 14 da LP, sobre o qual discorreremos a seguir.

2. CONCEITO LEGAL DA LP DE DEVEDOR

De acordo com o art. 21, § 4º, considera-se "devedor", para os fins de intimação e de registro do protesto: o emitente da nota promissória ou do cheque; o sacado, na letra de câmbio ou na duplicata; a pessoa indicada pelo apresentante ou credor como responsável pelo cumprimento da obrigação.

Essas pessoas não podem deixar de figurar no termo e no registro do protesto. Não são considerados devedores, para os fins de intimação de registro do protesto, nem os endossantes, nem os avalistas.

3. INTIMAÇÃO DO ENDOSSANTE OU DO AVALISTA

Não devem ser intimados nem os endossantes, nem os avalistas. Não cabe ao portador ou apresentante mandar intimar este ou aquele coobrigado e excluir este ou aquele.

Após dizer que a intimação deve ser feita somente ao sacado ou aceitante (ou ao emitente da nota promissória), acrescenta João Eunápio Borges, a propósito, ser despropositada a recomendação do portador ao oficial de protesto para não ser intimado tal ou qual coobrigado, que "o protesto deverá ser apenas contra esse ou aquele [...]" (BORGES, 1983, p. 111).

Prosseguindo, Borges afirma:

Ora, o protesto, em rigor, não é feito contra ninguém e destina-se apenas, como prova legal insubstituível, a documentar a falta de aceite ou de pagamento. Tanto assim, que o sacado – a quem a intimação é feita – não é um devedor cambial e, como sacado, nunca poderá ser responsabilizado pelo pagamento da letra que não aceitou, da qual não é signatário (*ibidem*).

O autor conclui que a intimação a qualquer outro coobrigado (além do sacado ou do aceitante) "constitui ato abusivo".

A finalidade do protesto é provar que o sacado, ou o devedor principal, apesar de intimado pelo notário da apresentação do título a protesto por falta de aceite ou pagamento, não aceitou, nem pagou, assegurando ao portador, destarte, o exercício do direito de regresso contra os endossantes, o sacador e os respectivos avalistas. Para esse efeito, é suficiente a intimação do sacado ou do devedor principal.

A LP poderia dar margem a dúvidas quanto à possibilidade de intimação dos endossantes e avalistas, ao estabelecer, no art. 21, § 4º, que se consideram devedores, para efeito de registro do protesto, também as pessoas indicadas pelo apresentante ou credor como responsáveis pelo cumprimento da obrigação.

O art. 22 da LP diz, de forma lacônica, que o registro do protesto e seu instrumento devem conter "a certidão das intimações feitas e das respostas eventualmente oferecidas" (item IV).

A Lei Saraiva (Decreto n. 2.044, de 1908) era mais explícita ao dispor, no art. 29, que o instrumento de protesto deveria conter: "III – a certidão da intimação ao sacado ou ao aceitante ou aos outros sacados, nomeados na letra para aceitar ou pagar, a resposta dada ou a declaração da falta da resposta". Essa norma pode ser considerada ainda em vigor, na omissão da LP.

No Estado de São Paulo, a questão já foi apreciada pela Corregedoria Geral da Justiça. No Processo n. 117/81, foi decidido ser indevida a intimação dos endossantes e avalistas de um cheque.

4. FORMAS DE INTIMAÇÃO

A intimação do devedor compreende duas formas: intimação pessoal e intimação por edital.

4.1. Intimação pessoal

De acordo com o art. 14, *caput*, da LP, protocolizado o título, o tabelião de protesto expedirá carta de intimação ao devedor, no endereço fornecido pelo apresentante, considerando-se cumprida a intimação quando comprovada a entrega da carta nesse endereço.

Incumbe, pois, ao apresentante do título, sob sua responsabilidade, indicar o endereço do devedor. De acordo com o art. 15, § 2º, aquele que fornecer endereço incorreto, procedendo de má-fé, responde por perdas e danos, sem prejuízo da ação penal cabível.

Tratando-se de domicílio residencial em condomínio, basta que a carta de intimação seja entregue na portaria, não sendo necessário, pois, que o portador colha o recibo do destinatário (*ibidem*).

A carta intimatória deve conter o nome e o endereço do devedor, elementos de identificação do título, o prazo-limite para o aceite ou pagamento em cartório, bem como o número de protocolo e o valor a ser pago (§ 2º).

A finalidade da lei, ao exigir que o apresentante do título a protesto forneça o endereço completo do devedor (rua, número, CEP e, se souber, o número de telefone), é evitar, tanto quanto possível, a intimação por edital.

4.1.1. Meios de entrega da carta de intimação

A entrega da carta de intimação pode ser feita por portador do próprio tabelião ou por qualquer outro meio (como o correio ou a empresa de transporte de correspondência), desde que o recebimento fique comprovado por intermédio de protocolo, aviso de recebimento (AR) ou documento equivalente (art. 14, § 1º).

Ao se referir a *qualquer outro meio* de entrega, o artigo em questão abriu a possibilidade de o tabelião de protesto contratar qualquer empresa de transporte de correspondência, além da Empresa Brasileira de Correios e Telégrafos (EBCT).

4.2. Intimação por edital

De acordo com o art. 15 da LP, a intimação será feita por edital se a pessoa indicada para aceitar ou pagar for desconhecida, sua localização incerta ou ignorada, for residente ou domiciliada fora do território de competência do tabelionato ou, ainda, se ninguém se dispuser a receber a carta de intimação no endereço indicado pelo apresentante.

Dispõe o Provimento n. 30/97 da Corregedoria Geral da Justiça do Estado de São Paulo que, em caso de recusa do recebimento da carta de intimação, o fato será certificado, expedindo-se edital.

O edital será afixado no tabelionato de protesto, no lugar de costume, publicado pela imprensa local e, conforme dispõe o art. 15, § 1º, da LP, onde houver jornal de circulação diária. Depreende-se dessa regra que, não havendo na localidade jornal de circulação diária, basta a afixação do edital no lugar de costume do tabelionato.

Capítulo VIII

PAGAMENTO DO TÍTULO

1. FORMAS DE PAGAMENTO

De acordo com o Provimento n. 17/2003, alterado pelos Provimentos ns. 3/2011 e 12/2011, da Corregedoria Geral da Justiça do Estado de São Paulo, o interessado pode fazer o pagamento do título apresentado a protesto, de três formas: (i) em dinheiro; (ii) mediante cheque visado e cruzado ou cheque administrativo; ou ainda (iii) em conta bancária adrede aberta pelo tabelionato de protesto, por meio eletrônico (Sistema SELTEC – Sistema Eletrônico de Liquidação de Títulos em Cartório – mantido pelas instituições bancárias).

O pagamento deve incluir, além do valor do título, separadamente, as despesas comprovadas, as custas, as contribuições e os emolumentos do cartório, de responsabilidade do devedor.

De acordo com o art. 19, § 3º, da LP, quando adotado sistema de pagamento por meio de cheque, ainda que de emissão de estabelecimento bancário, a quitação dada pelo tabelionato será condicionada à sua liquidação.

2. PRAZO DE PAGAMENTO

Como foi referido, a intimação deve indicar o prazo para o aceite ou o pagamento (LP, art. 14, § 2º). Como o protesto deve ser registrado dentro de três dias úteis contados da protocolização do título (art. 12), e, nesse ínterim, realizada a intimação, percebe-se quão exíguo é o prazo para pagamento.

Capítulo IX

REGISTRO DO PROTESTO

1. HIPÓTESES LEGAIS DE PROTESTO

De acordo com o art. 21 da LP, o protesto será tirado (i.e., lavrado), conforme o caso, por falta de devolução, aceite ou pagamento.

2. PROTESTO POR FALTA DE DEVOLUÇÃO

O protesto por falta de devolução, que não é necessário, é absorvido pelo protesto por falta de aceite. Aliás, o protesto por falta de devolução, na prática, não se usa e ninguém pede.

3. PROTESTO POR FALTA DE ACEITE

Dispõe o art. 21, no § 1º, da LP, que "o protesto por falta de aceite somente poderá ser efetuado antes do vencimento da obrigação e após o decurso legal para o aceite ou a devolução".

4. PROTESTO POR FALTA DE PAGAMENTO

De acordo com o art. 21, § 2º, da LP, após vencido o título, o protesto sempre será efetuado por falta de pagamento. No sistema da LP, é ineficaz o protesto pedido no próprio dia do vencimento, seja por falta de aceite, seja por falta de pagamento.

Com efeito, o tabelião não pode receber o pedido de protesto por falta de aceite, porque já não cabe aceite, e não pode receber o pedido por falta de pagamento, porque o sacado ou o devedor dispõe do dia inteiro do vencimento para pagar.

5. PROTESTO DA LETRA DE CÂMBIO E DA DUPLICATA POR INDICAÇÕES DO PORTADOR

De acordo com o § 3º do art. 21, da LP, quando o sacado retiver a letra de câmbio ou a duplicata enviada para o aceite e não proceder à sua devolução dentro do prazo legal, o protesto pode ser baseado na segunda via da letra de câmbio ou nas indicações da duplicata, que, neste caso, se limitarão a conter os mesmos requisitos lançados pelo sacador ao tempo de sua emissão.

5.1. Protesto de duplicata por indicações do portador

Essa hipótese já foi considerada no Capítulo IV, item 2 e seguintes, deste título, ao qual remetemos o leitor, para evitar repetições desnecessárias. Aqui, basta lembrar que o protesto da duplicata por indicações pressupõe sua remessa ao sacado para aceite e sua não devolução no prazo legal, nos termos dos arts. 7º e 8º da Lei de Duplicatas.

6. PROTESTO DA LETRA DE CÂMBIO POR INDICAÇÕES DO PORTADOR

No que diz respeito à letra de câmbio, parece ter havido um equívoco do legislador ao referir-se à segunda via do título, e não à sua cópia ou às indicações do portador.

Os exemplares múltiplos da letra (segunda via, terceira via etc.) foram expedientes imaginados para fazer face aos riscos de perda ou destruição do título a ser remetido para aceite do sacado em praça distante, em uma época em que os meios de transporte eram inseguros.

Com a modernização dos meios de transporte e comunicações, pode ser que o saque desses exemplares adicionais ainda tenha alguma serventia, mas, de modo geral, caiu há muito em desuso.

A norma correspondente da Lei Saraiva foi mal aproveitada no texto da LP. Dizia a primeira (art. 31):

> Art. 31. Recusada a entrega da letra por aquele que a recebeu para firmar o aceite ou efetuar o pagamento, o protesto pode ser tirado por outro exemplar ou, na falta, pelas indicações do protestante.

Como se verifica na referida norma da Lei Saraiva, poderia o protesto da cambial não devolvida ser tirado por outro exemplar ou, na falta deste, *pelas indicações do requerente*.

Aparentemente, o legislador confundiu outro exemplar (segunda via) com a cópia da letra: aquele, descrito no art. 64 da Lei Uniforme; esta, no art. 67. Não prevista na Lei Saraiva, pode a cópia ser extraída a qualquer tempo pelo portador, que nela deve reproduzir exatamente o original, com a indicação dos endossos e todas as outras menções nele contidas.

A cópia difere da segunda via, porque, nesta, são autênticas as assinaturas reproduzidas pelos signatários, o que representa um processo demorado, e, naquela, não há reprodução das assinaturas, mas tão somente a sua indicação, passando a cópia, assinada pelo portador, a circular paralelamente ao original.

Portanto, não devolvido pelo sacado o original remetido ao aceite ou para pagamento, poderia o protesto, se vigente o art. 31 da Lei Saraiva, ser tirado pelas indicações do portador ou, equivalentemente, por uma cópia da letra, que, para esse efeito, nada mais é que o conjunto das indicações literais, assinado pelo portador.

Como a lei não deve ser interpretada de maneira que leve paradoxalmente a conclusão contrária à sua finalidade, impossibilitando o protesto, razão é que, no art. 21, § 3º, da LP, onde se lê "segunda via", leia-se "cópia".

7. FORÇA MAIOR

Tendo o sacado retido a letra, cumpre ao portador, para não perder o direito de regresso, pedir, em tempo hábil, o protesto por falta de aceite, ou, se vencido o título, o protesto por falta de pagamento.

Denegado o protesto pelas indicações do portador, ou, de maneira equivalente, pela cópia da letra, cabe-lhe alegar força maior (*factum principis*), nos termos do art. 54, alínea 1ª, da Lei Uniforme, caso em que fica prorrogado o prazo para o protesto.

Prolongando-se a força maior por mais de 30 dias contados da data do vencimento, pode o direito regressivo ser exercido independentemente de protesto, conforme dispõe o art. 54, alínea 4ª, dessa lei.

8. CONCEITO LEGAL DE DEVEDOR

Como antes mencionado, a LP considera "devedor", para os efeitos de protesto, o emitente da nota promissória, o emitente do cheque ou o sacado na letra de câmbio ou na duplicata, ou ainda a pessoa indicada pelo apresentante ou credor como responsável pelo cumprimento da obrigação, os quais não podem deixar de figurar no termo e no registro do protesto (art. 21, § 4º).

No que diz respeito à letra de câmbio, não se poderia classificar como devedor o *sacado*, que, enquanto não aceitante, nenhuma responsabilidade cambial tem.

9. TERMO DO PROTESTO

Termo do protesto, no sentido em que essa expressão é empregada na LP, é a declaração escrita, feita pelo notário, da recusa do aceite ou do pagamento do título, com menção às diligências realizadas para a intimação do sacado ou do devedor e ao cumprimento das demais formalidades legais (art. 22).

O termo do protesto deve ser uno, embora possa ser precedido de mais de uma diligência (art. 22, IV), e registrado em livro próprio, mantido pelo tabelionato (art. 23). Do termo, o oficial extrai o respectivo instrumento, para ser entregue ao requerente do protesto (art. 20).

10. REQUISITOS DO PROTESTO

De acordo com o art. 22 da LP, o registro do protesto e seu instrumento devem conter:

I. a data e o número de protocolo;

II. o nome e o endereço do apresentante;

III. a reprodução ou transcrição do título ou das indicações feitas pelo apresentante e das declarações nele inseridas;

IV. a certidão das intimações feitas e das respostas eventualmente dadas;

V. a indicação do interveniente voluntário e da firma por ele honrada;

VI. a aquiescência do portador ao aceite por honra;

VII. o nome e o endereço do devedor e do seu documento de identificação;

VIII. a data e a assinatura do tabelião ou de seu substituto ou escrevente autorizado.

Quanto ao item IV, embora a LP não o diga expressamente, está implícito que a resposta do intimado há de ser dada por escrito, pois a lei não prevê a possibilidade de o tabelião de protesto tomar por termo a resposta dada oralmente.

11. MICROFILMAGEM

Nos termos do art. 22, parágrafo único, da LP, quando o tabelião conservar em seus arquivos gravação eletrônica da imagem ou cópia fotográfica (inclusive microfilme) ou xerográfica do título, dispensa-se, no registro e no instrumento de protesto, sua transcrição literal, bem como a das demais declarações nele inseridas.

Essa norma é completada pelo disposto no art. 39, segundo o qual a reprodução de microfilme do título ou de sua imagem gravada eletronicamente, quando autenticada pelo tabelião, seu substituto ou escrevente autorizado, guarda o mesmo valor do original.

No caso de protesto, feito com o auxílio de qualquer desses recursos técnicos, será feita, no termo e no registro respectivos, menção expressa à cópia, como parte integrante do título protestado, de acordo com o Provimento n. 30/97 da Corregedoria Geral da Justiça do Estado de São Paulo.

12. PROTESTO COMUM E PROTESTO ESPECIAL

Conforme o disposto no art. 23 da LP, os termos de protesto lavrados, inclusive para o fim especial de falência, serão registrados em um único livro e conterão a indicação do tipo e do motivo do protesto, isto é, se comum ou para o fim especial de falência e, se por falta de devolução, de aceite ou de pagamento. Ficou assim abolido o livro especial previsto no art. 10 da antiga Lei de Falências (Decreto-lei n. 7.661/45).

13. RECUPERAÇÃO JUDICIAL E FALÊNCIA

A lei trata, no art. 24, das hipóteses de estar o devedor, ou o sacado na letra de câmbio, em estado de recuperação judicial, ou de ter sido declarada a falência do sacado na letra de câmbio.

14. RECUPERAÇÃO JUDICIAL

Nos termos do art. 24, não impede o protesto o fato de ter sido deferido o "processamento da concordata". Hoje, com o advento da Lei n. 11.101/2005, em lugar de "concordata", lê-se "recuperação judicial".

A norma do art. 24 foi necessária para evitar dúvidas, visto que a decretação da falência ou o despacho que deferir a recuperação judicial, como o era antes na concordata, suspende o curso de todas as ações e execuções contra o devedor (Lei de Falências, art. 6º).

Ainda que o devedor esteja temporariamente impossibilitado de pagar o título apresentado a protesto, este é necessário para que o credor possa exercer seu direito de regresso contra os endossantes e o sacador.

Corrobora essa afirmação o disposto no art. 44, penúltima alínea, da Lei Uniforme, segundo o qual, no caso de suspensão de pagamentos do sacado (como na hipótese de recuperação judicial), aceitante ou não, o portador da letra de câmbio só pode exercer seu direito de regresso após a apresentação do título ao sacado para pagamento e depois de feito o protesto. Essa norma se aplica também ao emitente da nota promissória, por força do disposto no art. 77 c/c art. 78, alínea 1ª, da mesma lei.

15. FALÊNCIA

De acordo com o disposto no art. 44, última alínea, da Lei Uniforme, no caso de falência declarada do sacado, aceitante ou não, ou no de falência do sacador de letra não aceitável, a apresentação da sentença declaratória de falência é suficiente para que o portador da letra possa exercer seu direito de regresso.

Torna-se, assim, dispensável o protesto nesses casos e para esse fim, norma esta aplicável também ao emitente da nota promissória, em virtude do disposto no art. 77 c/c art. 78, alínea 1ª.

16. COMUNICAÇÕES OBRIGATÓRIAS

De acordo com o art. 45 da Lei Cambial Uniforme, lavrado o protesto, o portador deve comunicar a falta de aceite ou de pagamento a quem lhe endossou a letra e ao sacador, dentro dos quatro dias úteis que se seguirem ao dia do protesto ou da apresentação a aceite ou pagamento, no caso de a letra conter a cláusula *sem protesto*.

O descumprimento dessa norma não gera perda do direito de regresso, mas torna o infrator responsável pelo prejuízo, se houver, que sua negligência causar, limitado o valor da indenização à importância da letra. O disposto nesse artigo aplica-se à nota promissória, por força do disposto no art. 77 da Lei Uniforme.

Trata-se de norma que poucas pessoas, mesmo entre advogados, conhecem, mas isso não tem consequências mais graves, porque seu descumprimento só obriga à reparação do dano, e este precisa ser provado.

Em nossa experiência profissional, jamais tivemos notícia de que algum

PROTESTO DE TÍTULOS

portador tivesse dado aviso da falta de pagamento, e do respectivo protesto, a seu endossante e ao sacador.

Capítulo X

PUBLICIDADE DO PROTESTO

1. CERTIDÃO

Sendo o protesto um registro público, pode qualquer pessoa requerer certidão de protesto não cancelado, sem necessidade de declarar o motivo do pedido, desde que o faça por escrito (LP, art. 27 c/c art. 31).

A certidão deve abranger o período mínimo de cinco anos anteriores ao dia do pedido, salvo quando se referir a protesto específico (art. 27), podendo, a pedido do interessado, abranger período maior.

Como o tabelião é obrigado a conservar os livros de registro de protesto por dez anos no mínimo (art. 36), entende-se que esse é também o período máximo obrigatório de abrangência das certidões de protesto.

A propósito, segundo o disposto no Código de Defesa do Consumidor (Lei n. 8.078/90), art. 43, § 1º, os cadastros e bancos de dados dos consumidores não podem conter informações negativas referentes a período superior a cinco anos.

De acordo com o art. 27, § 1º, da LP, a certidão deve indicar, além do nome do devedor, o número no Registro Geral (RG), constante de sua cédula de identidade, ou o número de sua inscrição no CPF, se pessoa física, ou o número de seu registro no CNPJ, se pessoa jurídica, devendo o apresentante do título a protesto fornecer esses dados, sob pena de recusa.

A finalidade da identificação precisa do devedor é evitar as consequências indesejáveis da homonímia, assim como a indicação precisa de seu endereço é evitar, tanto quanto possível, a intimação por edital.

Embora a lei não o diga expressamente, deve a certidão de protesto conter os mesmos elementos do respectivo registro, conforme previsto no art. 22, da LP, para o instrumento de protesto, que não o é senão a primeira certidão de seu registro, já que a lei não previu a hipótese de certidão resumida.

2. HOMONÍMIA

Segundo o disposto no art. 28 da LP, "sempre que a homonímia puder ser verificada simplesmente pelo confronto do número de documento de identificação, o tabelião de protesto dará certidão negativa".

Nessas condições, pode o cartório expedir, a requerimento do interessado (JUNQUEIRA e BRACCIO, *circa* 2000, p. 17):

I. certidão de homonímia, para prova de referir-se o protesto a outra pessoa;
II. certidão negativa, para a prova de inexistência de protesto de responsabilidade do requerente.

A norma do art. 28 se coliga à do § 1º do artigo anterior, segundo o qual a certidão expedida pelos serviços de protesto deve indicar, além do nome do devedor, o número de seu documento de identificação (RG, CPF ou CNPJ).

3. INCLUSÃO DO NOME DOS ENDOSSANTES E AVALISTAS NA CERTIDÃO

Não devem ser incluídos, na certidão de protesto, os nomes dos endossantes e dos avalistas, por não serem considerados "devedores" para fins de registro do protesto. Assim já decidiu a Corregedoria Geral da Justiça do Estado de São Paulo. No Processo n. CG-828/2005, concluiu-se por ser indevida a inclusão, no índice de títulos protestados, do nome dos avalistas de uma nota promissória e, consequentemente, na respectiva certidão.

4. CADASTRO DE INADIMPLENTES

Criado informalmente pelo comércio, tem o cadastro de inadimplentes grande importância social, dada a desconfiança que cerca o devedor com título protestado.

O cadastro de inadimplentes tem hoje previsão legal. De acordo com o art. 29 da LP, o tabelião é obrigado a fornecer às entidades representativas da indústria e do comércio ou àquelas vinculadas à proteção do crédito, como o SPC e o Serasa, quando requerida, certidão diária, em forma de relação, dos protestos e dos cancelamentos efetuados.

Nos termos do mesmo dispositivo, da relação de protestos deve constar a nota de se tratar de informação reservada, da qual não se pode dar publicidade pela imprensa, nem mesmo parcialmente.

Reforça esse mandamento o disposto no art. 29, § 2º, conforme o qual dos cadastros ou bancos de dados das referidas entidades somente serão prestadas informações restritivas de crédito oriundas de títulos regularmente protestados, cujos registros não tenham sido cancelados.

Capítulo XI

EMOLUMENTOS

1. FIXAÇÃO EM LEI

Nos termos do disposto no art. 37 da LP, pelos atos que praticarem em decorrência da mesma lei, os tabeliães de protesto perceberão diretamente das partes, a título de remuneração, os emolumentos fixados na forma da lei estadual e de seus decretos regulamentares.

Dispõe ainda o § 1º que pode ser exigido pelo tabelionato depósito prévio dos emolumentos e despesas devidas, caso em que sua importância será reembolsada ao apresentante por ocasião da prestação de contas, quando ressarcida pelo devedor ao tabelionato.

No Estado de São Paulo, uma lei isentou o apresentante de depósito prévio, cabendo ao devedor, por ocasião do pagamento do título no cartório (dentro do prazo legal) ou do cancelamento do protesto, pagar as custas e os emolumentos do protesto ao tabelionato.

De acordo com o art. 236, § 2º, da Constituição Federal, a lei federal estabelecerá normas gerais para a fixação dos emolumentos relativos aos atos praticados pelos serviços e notas de registro. A matéria é regulada na Lei federal n. 10.169/2000.

2. COTAÇÃO

De acordo com o art. 37, § 2º, da LP, em todo ato praticado pelo tabelião, devem ser cotados as custas e os emolumentos, identificando-se as parcelas componentes de seu total, para ciência do usuário do serviço e controle da autoridade fiscalizadora.

Capítulo XII

RESPONSABILIDADE DO TABELIÃO

1. RESPONSABILIDADE CIVIL

Estabelece o art. 38 da LP que os tabeliães de protesto de títulos "são civilmente responsáveis por todos os prejuízos que causarem, por culpa ou dolo, pessoalmente, pelos substitutos que designarem ou escreventes que autorizarem, assegurado o direito de regresso".

Esse artigo, se interpretado literalmente, parece restringir a responsabilidade civil do tabelião de protesto às hipóteses que menciona. Não há, porém, como fugir à aplicação do disposto no art. 932, III, do Código Civil (correspondente ao art. 1.521, III, do Código Civil de 1916), segundo o qual são responsáveis pela reparação civil "o empregador ou comitente, por seus empregados, serviçais e prepostos, no exercício do trabalho que lhes competir, ou em razão dele".

2. RESPONSABILIDADE ADMINISTRATIVA

A LP nada menciona sobre a responsabilidade administrativa dos tabeliães de protesto. No entanto, a responsabilidade administrativa está prevista no art. 31 da Lei n. 8.935/94, que dispõe sobre os serviços de notas e registros públicos.

Pelas infrações que praticarem, estão os notários e oficiais de registro sujeitos às seguintes penas: repreensão, multa, suspensão por 90 dias, prorrogável por mais 30, e perda da delegação, conforme estabelece o art. 32 dessa lei.

3. RESPONSABILIDADE PENAL

A responsabilidade civil e administrativa, é escusado dizer, não exclui a responsabilidade penal do tabelião de protesto, nos termos do Código Penal e das leis penais especiais, sendo independentes entre si a esfera civil, a administrativa e a criminal.

Capítulo XIII

TERMO INICIAL DA INCIDÊNCIA DE JUROS

1. OBRIGAÇÕES SEM PRAZO DETERMINADO

De acordo com o art. 40 da LP, não havendo prazo assinado, a data do registro do protesto é o termo inicial da incidência de juros, das taxas e das atualizações monetárias sobre o valor da obrigação contida no título.

É o caso, por exemplo, da duplicata pagável à vista. A obrigação à vista se vence no ato da apresentação do respectivo título a pagamento. Prova-se a apresentação a pagamento da duplicata à vista, em caso de inadimplemento, pelo protesto, mediante prévia intimação do devedor, pelo notário.

O art. 40 da LP refere-se aos juros de mora. De acordo com o art. 397 do Código Civil, o inadimplemento da obrigação positiva e líquida, no seu termo, constitui de pleno direito em mora o devedor. Acrescenta o parágrafo único que, não havendo termo, a mora se constitui mediante interpelação judicial ou extrajudicial.

O protesto notarial não deixa de ser uma forma de interpelação extrajudicial, constituindo destarte em mora o devedor. Uma das consequências da mora é a obrigação de pagar juros (Código Civil, art. 395).

Daí a razão de ser do disposto no art. 40 da LP, segundo o qual, não havendo prazo assinado, a data do registro do protesto é o termo inicial da incidência de juros.

PARTE III

Sustação de protesto

Capítulo I

MEDIDA CAUTELAR

1. INTRODUÇÃO

Contra o protesto indevido, especialmente quando abusivo, tem a jurisprudência admitido medida cautelar inominada para sustá-lo.

2. SUSTAÇÃO E CANCELAMENTO DE PROTESTO

Note-se que só cabe a sustação se o protesto ainda não foi registrado. Se já registrado, o caso é de cancelamento judicial de protesto, não de sustação, podendo ser requerida liminarmente a suspensão de seus efeitos, na própria ação de cancelamento ou em medida cautelar preparatória ou incidente.

Também é possível o pedido de tutela antecipada para o imediato cancelamento de protesto de título prescrito, em ação de indenização por perdas e danos, inclusive por danos morais.

3. SUSPENSÃO DOS EFEITOS DE PROTESTO

Não raro, quando chega ao tabelionato de protesto a ordem judicial de sustação, oportunamente pedida, o protesto já foi registrado, caso em que deve o tabelião comunicar ao juiz a impossibilidade de cumpri-la. Nesse caso, tendo o juiz dado ciência do fato à parte requerente, pode esta pedir que seja a sustação convertida em suspensão dos efeitos do protesto.

Outras vezes, a ordem judicial vem formulada em termos alternativos, determinando a sustação do protesto ou, se já registrado este, a suspensão de seus efeitos.

4. PROVIDÊNCIAS A CARGO DO TABELIÃO

A sustação deve ser averbada no livro de protocolo, junto à anotação do respectivo título recebido para protesto.

Em caso de suspensão dos seus efeitos, cumpre ao tabelião averbá-la no correspondente registro de títulos e documentos protestados, do qual não se poderá fornecer certidão, a não ser ao próprio devedor, ou suposto devedor, ou por ordem judicial. Deve ainda o notário comunicar às entidades de proteção ao crédito, a que enviou relação dos protestos lavrados, a suspensão dos seus efeitos.

Segundo o disposto no art. 17, *caput*, da LP, devem permanecer no tabelionato, à disposição do juízo respectivo, os títulos ou documentos cujo protesto estiver judicialmente sustado.

Acrescenta o § 1º que o título, cujo protesto tiver sido judicialmente sustado, só pode ser pago, protestado ou retirado com autorização judicial.

De conformidade com o § 2º, revogada a ordem de sustação, não há necessidade de proceder a nova intimação do devedor, devendo o protesto ser lavrado e registrado até o primeiro dia útil subsequente ao do recebimento da ordem revocatória, salvo se a efetivação da medida depender de consulta a ser formulada ao apresentante, caso em que o prazo se contará do dia da resposta dada.

De acordo com o § 3º, tornada definitiva a ordem de sustação, o título será encaminhado ao juízo respectivo, quando não constar determinação expressa sobre a qual das partes deva ser entregue, ou, se decorridos 30 dias, sem que a parte autorizada tenha comparecido ao cartório para retirá-lo.

Capítulo II

FUNDAMENTO JURÍDICO DA SUSTAÇÃO JUDICIAL

1. PRESSUPOSTO DA SUSTAÇÃO

A sustação judicial tem como pressuposto a nulidade do ato jurídico do protesto indevido, seja por inobservância das formalidades legais, seja por ser ilícito ou impossível o seu objeto.

2. QUESTÃO PRELIMINAR

Antes de entrar no mérito da questão relativa à sustação de protesto, impõe-se preliminarmente a questão de saber a que ramo do Direito pertence o protesto notarial. Como visto, o protesto cambial é tradicionalmente considerado matéria de Direito Comercial.

A nosso ver, o protesto cambial e, por extensão, o protesto notarial constituem matéria de lei especial, por oposição ao Direito Comum, a saber: a Lei Cambial Uniforme, a LP e, em parte, a Lei Saraiva (Decreto n. 2.044, de 1908).

Essas leis pertencem todas ao Direito Privado, dependendo do ponto de vista de cada autor situá-las ou não no Direito Comercial. Para atalhar maiores discussões, convém reter, para os fins desta análise, que, como matéria de Direito Privado, são aplicáveis ao ato do protesto as normas do Direito Civil sobre a validade e a eficácia dos atos jurídicos *stricto sensu*. De acordo com o art. 185 do Código Civil, aplicam-se ao ato jurídico lícito, no que couber, as disposições nele contidas sobre o negócio jurídico lícito.

Ao ato jurídico em sentido estrito, como o do protesto, aplicam-se particularmente as normas do Código Civil sobre a validade e a eficácia do negócio jurídico e, consequentemente, sobre sua nulidade.

Assim, nulo é o ato jurídico quando seu objeto for ilícito ou impossível, ou quando o ato não revestir a forma prescrita em lei (Código Civil, arts. 104, II e III, e 166, II, IV e V, c/c art. 185).

Objeto do ato jurídico é o fim social a que se destina. É juridicamente impossível o objeto quando for contrário a lei em geral. O objeto é ilícito quando for ofensivo da moral ou das leis de ordem pública (CLÓVIS BEVILÁQUA, 1976, comentário ao art. 82 do Código Civil).

3. PROTESTO INDEVIDO

O protesto indevido compreende três hipóteses: por inobservância das formalidades legais; por ser juridicamente impossível seu objeto; e por ser seu objeto ilícito.

Para os fins deste trabalho, chamaremos o protesto, na primeira hipótese, *protesto formalmente irregular*, na segunda, *protesto juridicamente impossível* e, na terceira, *protesto abusivo*.

Ao protesto formalmente irregular corresponde a sustação correcional; ao protesto juridicamente impossível, e ao protesto abusivo, a sustação judicial *stricto sensu*.

4. PROTESTO FORMALMENTE IRREGULAR

Verifica-se protesto formalmente irregular em caso de erro de procedimento (*error in procedendo*) do oficial de protesto. Entre outros casos de *error in procedendo*, mencione-se o de admitir o tabelião a protesto título não protestável ou eivado de vício formal.

5. PROTESTO JURIDICAMENTE IMPOSSÍVEL

É juridicamente impossível o protesto quando seu objeto for juridicamente impossível, como o protesto de cheque furtado, roubado, perdido ou fraudado, supondo-se que o portador esteja de boa-fé. Embora seja *indevido* o protesto, não se pode dizer que seja *abusivo*, nessa hipótese.

6. PROTESTO ABUSIVO

É abusivo o protesto quando for ilícito o seu objeto, como o protesto de cheque prescrito. O notário não tem competência para recusar o protesto de um título por motivo de prescrição ou caducidade (LP, art. 9º). Somente o juiz tem competência para pronunciá-las.

Nessas condições, a apresentação a protesto de título cuja dívida esteja prescrita constitui ato abusivo, gerando a obrigação de reparar o dano, inclusive o dano moral.

Diz Pedro Vieira Mota sobre o protesto abusivo:

> O protesto cambial, um instituto destinado, classicamente, apenas a registrar de maneira certa a falta de aceite ou pagamento dos títulos cambiais, para segurança do mundo comercial, tem sido usado, abusivamente, para ameaçar o comerciante e extorquir aceites e pagamentos, em pura chantagem (VIEIRA MOTA, 1990, p. 3).

7. UMA REALIDADE MELANCÓLICA

Com referência ao protesto abusivo, registramos o depoimento de Rubem Garcia, veterano Tabelião de Protesto em São Paulo (Capital), sobre a realidade melancólica que passou a envolver esse instituto secular no Brasil.

Após assinalar que, de simples prova de impontualidade do devedor, passou o protesto a servir de forma coativa de cobrança extrajudicial, acrescenta:

Temos assistido ao abusivo saque de duplicatas sem [...] causa, ao saque indevido de letras de câmbio, cheques emitidos fraudulentamente, cobrança de [...] recibos como se fossem duplicatas, títulos já pagos, enganos de emissão, duplicatas relativas a negócios desfeitos, mercadorias devolvidas etc. (GARCIA, 1981, p. 10).

8. FINALIDADE DA AÇÃO

De acordo com Orlando de Assis Corrêa, a ação de sustação de protesto

tem sempre a finalidade de obstar ao protesto de um título que se tem por nulo, seja por qualquer motivo que lhe traga esta característica: a falta de entrega da mercadoria, ou sua entrega fora das normas do pedido, no caso de duplicata; a falta de acerto prévio, quanto ao vencimento do título; a falta de causa, para sua emissão; o desacerto entre as partes, relativamente a qualquer aspecto do contrato que dê origem ao título etc., tudo é causa para o pedido de sustação, a fim de que sem pressão e sem ameaça, possa ser discutido o direito de cada parte (ASSIS CORRÊA, 1986, p. 75).

Preferimos dizer que a ação cautelar de sustação de protesto visa a impedir um protesto indevido, quer por ser formalmente irregular, quer por ser seu objeto juridicamente impossível, quer por ser ilícito seu objeto.

9. CRIAÇÃO JURISPRUDENCIAL

A sustação de protesto é uma criação da jurisprudência. Ora, o protesto cambial é um direito do portador de um título de crédito. Todavia, existe o protesto necessário para assegurar o direito de regresso contra os endossantes e o sacador, e o protesto não necessário, denominado impropriamente *facultativo*, promovido pelo portador para cobrar a importância de um título ao devedor principal, como o aceitante da letra de câmbio ou da duplicata, ou ao emitente da nota promissória ou do cheque.

O protesto necessário para assegurar o direito de regresso não pode ser sustado judicialmente, sob pena de causar grave lesão ao direito do portador.

Quanto ao protesto facultativo, embora seja também um direito do portador, sua sustação não prejudica o direito de haver a importância do título do obrigado principal, justamente por não ser este um obrigado de regresso, mas obrigado direto, não sendo necessário, pois, o protesto para o ajuizamento da ação.

Com efeito, o protesto facultativo pode prejudicar a imagem do devedor, ou suposto devedor, restringindo-lhe o crédito e impedindo, no caso de o sacado ser comerciante, a compra de mercadorias a prazo e empréstimos bancários.

Sensível a esse aspecto social da questão, a jurisprudência veio em socorro do devedor, ou indigitado devedor, concedendo-lhe medida liminar de sustação do protesto, especialmente quando abusivo.

Capítulo III

JURISPRUDÊNCIA SOBRE SUSTAÇÃO DE PROTESTO

1. PROTESTO DE DUPLICATA, QUANDO DEVOLVIDA A MERCADORIA POR DIVERGIR DO PEDIDO

De acordo com a jurisprudência do TJSP, cabe sustação de protesto ou dos efeitos do protesto quando a mercadoria for devolvida por divergir do pedido.

I. Na APL n. 201.196/SP, decidiu o Tribunal (ementa):

> Duplicata. Protesto. Hipótese em que a devolução da mercadoria já havia sido comunicada, dada a divergência com o pedido. Saque e protesto indevidos. (20ª Câmara de Direito Privado, rel. Des. Luiz Carlos de Barros Figueirêdo, publ. 21.08.2012.)

II. No AI n. 99.109.053.841-3/SP, entendeu o Tribunal (ementa):

> Sustação de efeitos do protesto. Devolução de mercadorias adquiridas. Inadequação do material adquirido frente às especificações exigidas. Vício

redibitório. Nota fiscal para devolução recebida pelo fornecedor.

A diligência para devolução imediata dos produtos recebidos, que não atendem às especificações exigidas, deve atender à essencial formalidade de emissão de documento fiscal adequado, a ser acompanhada das razões que fundamentam a justa causa para devolução (18ª Câmara de Direito Privado, rel. Des. Alexandre Lazzarini, publ. 01.06.2010.)

2. PROTESTO DE TÍTULO, QUANDO PENDENTE AÇÃO PRINCIPAL SOBRE SEU VALOR

Segundo a jurisprudência, cabe a sustação de protesto quando pendente de julgamento a ação principal sobre o valor do título apresentado a protesto.

I. No AI n. 0297.832-6/SP, decidiu o TJSP (ementa):

Enquanto pendente demanda na qual o montante do débito esteja sendo discutido, é lícita a sustação do protesto do título representativo da dívida, por decisão judicial, sobretudo porque são notórios os constrangimentos decorrentes da lavratura do ato público, muitos dos quais afinal acabam se revelando injustos, dando azo a indenização de natureza pecuniária (26ª Câmara de Direito Privado, rel. Des. Renato Sartorelli, publ. 17.02.2012).

II. No Ag n. 70.008.238.271, entendeu o TJRS (ementa):

1. Enquanto *sub judice* a existência do débito ou o montante que a ele corresponde, autorizada está a concessão da tutela antecipatória, no sentido de que seja suspensa a inscrição do nome do devedor nos cadastros de inadimplentes.
2. Havendo possibilidade razoável de que a revisão pretendida pela agravante seja julgada procedente, com o que é possível que já esteja quitado o débito que mantém junto à instituição agravada, é bastante plausível que se autorize a suspensão da cobrança dos cheques que se encontram em poder da

recorrida, até o deslinde da demanda principal.

3. Pendente ação revisional do contrato em discussão, é vedado à instituição financeira protestar qualquer espécie de título oriundo do contrato em discussão (12ª Câmara Cível, rel. Des. Marcelo Cezar Müller, j. 04.03.2004).

3. PROTESTO DE CHEQUE PRESCRITO

De acordo com a jurisprudência, cabe a sustação de protesto de cheque prescrito, como nos seguintes julgados:

I. APL n. 1.301.119-5, TJSP (11ª Câmara de Direito Privado, rel. Des. Renato Rangel Desinano, *DJSP* 03.10.2008);

II. REsp n. 602.136-PB, STJ (3ª Turma, rel. Min. Carlos Alberto Direito, *DJU* 11.04.2005).

Capítulo IV

PROCEDIMENTO

1. MEDIDA CAUTELAR INOMINADA

Não existe um procedimento cautelar específico para a sustação de protesto. Assim, deve o interessado requerer a medida com base no poder geral de cautela conferido ao juiz pelos arts. 798 (arts. 297, parágrafo único, e 301, do CPC/2015) e 799 do CPC/73 (sem correspondente no CPC/2015).

De acordo com o disposto no art. 798 do CPC/73 (arts. 297, parágrafo único, e 301, do CPC/2015), pode o juiz determinar as medidas provisórias que julgar adequadas quando houver fundado receio de que uma das partes, antes do julgamento da lide, cause ao direito da outra lesão grave e de difícil reparação. E, de acordo com o disposto no art. 799, no caso do artigo anterior, pode o juiz, para evitar o dano, autorizar ou vedar a prática de determinados atos.

Em outras palavras, o juiz pode conceder a medida cautelar quando estiverem presentes o *fumus boni iuris* (literalmente, a "fumaça do bom direito") e o *periculum in mora* ("perigo na demora").

A concessão da medida tem, pois, como pressupostos a aparência do bom direito e o fundado receio de que uma das partes cause lesão grave e de difícil reparação ao direito da outra, antes do julgamento da lide.

O procedimento cautelar pode ser instaurado antes ou no curso do processo principal, e é sempre dependente deste, como dispõe o art. 796 do CPC/73 (art. 294, parágrafo único, do CPC/2015). No primeiro caso, a ação cautelar se diz *preparatória*; no segundo, *incidente*.

2. *FUMUS BONI IURIS*

Significa o *fumus boni iuris* a aparência do bom direito, que não exige exame aprofundado do juiz quanto ao direito discutido pelas partes, mas tão só um exame perfunctório, para aferir a plausibilidade da pretensão deduzida pelo requerente no processo principal. Melhor expõe Moacyr Amaral Santos:

> Por visar a uma providência provisória, a ação cautelar não reclama aprofundado exame quanto ao direito em que se controvertem as partes. Realmente, no processo preventivo ou cautelar o juiz apenas indaga quanto ao *fumus boni iuris*, isto é, aprecia de modo sumaríssimo e superficial o direito entre as partes, proferindo decisão que se subordina ao que ficar decidido no processo principal (AMARAL SANTOS, 2010, vol. I, p. 192).

3. *PERICULUM IN MORA*

É a probabilidade de que uma das partes, antes do julgamento da lide, cause ao direito da outra lesão grave e de difícil reparação. Para aferir o perigo na demora, não é necessária a prova de prejuízo; basta que se demonstre a probabilidade de sua ocorrência, em cada caso concreto.

Explica Amaral Santos, com sua habitual clareza:

> A decisão, no processo de conhecimento, ou a providência executória, no processo de execução, por exigirem longa série de atos processuais, demandam tempo comumente não pequeno. A aguardá-la, possivelmente, ao ser proferida, o interesse da parte esteja sacrificado. A decisão, ou a providência

executória, poderá vir tarde demais. A demora, assim, poderá ser prejudicial à parte. É o que se chama *periculum in mora*. Em razão desse perigo, que poderá acarretar danos enormes à parte, existem ações cautelares ou preventivas que visam a providências jurisdicionais urgentes e provisórias, assecuratórias dos efeitos próprios da sentença a ser proferida na ação de conhecimento ou do ato reclamado na execução. A justificação dessas providências está, pois, no perigo da demora da sentença a ser proferida ou do ato executório reclamado no processo principal (AMARAL SANTOS, 2010, vol. I, p. 192).

4. REQUERENTE E REQUERIDO

Assim como no processo de execução não há autor e réu, mas credor e devedor, também no processo cautelar não há autor e réu, mas *requerente* e *requerido*, para não confundir com o autor e com o réu do processo principal, respectivamente.

5. MEDIDA LIMINAR

Dispõe o art. 798 do CPC/73 (art. 297, parágrafo único, do CPC/2015) que o juiz pode "determinar as medidas provisórias que julgar adequadas, quando houver fundado receio de que uma parte, antes do julgamento da lide, cause ao direito da outra lesão grave e de difícil reparação".

O juiz pode conceder a medida liminar sem ouvir o réu, na hipótese do art. 804 do CPC/73 (art. 300, §§ 1º e 2º do CPC/2015), segundo o qual é lícito ao juiz conceder liminarmente, ou após justificação prévia, a medida liminar, sem ouvir o réu, quando verificar que este, sendo citado, poderá torná-la ineficaz, caso em que pode determinar a prestação de caução, real ou fidejussória, de ressarcimento dos danos que o requerido possa vir a sofrer.

A concessão de liminar, *inaudita altera pars*, fica a prudente critério do juiz, como é o caso de sustação liminar de protesto, que deve ser decidida no breve intervalo de tempo entre o recebimento da intimação pelo devedor, ou suposto devedor, e o registro do protesto.

Pode o juiz conceder a liminar sem ouvir a outra parte, quando houver indícios de que o protesto é indevido. Da mesma forma, fica também a prudente critério do juiz a exigência de caução para o deferimento da liminar.

6. CAUÇÃO

De acordo com o art. 804 do CPC/73 (art. 300, §§ 1º e 2º do CPC/2015), já referido, o juiz "poderá determinar que o requerente preste caução real ou fidejussória de ressarcir os danos que o requerido possa vir a sofrer".

Na ação cautelar de sustação de protesto, a caução pode ser determinada pelo juiz independentemente de pedido da parte, mas convém ao requerente, a bem de seu interesse, oferecê-la desde logo, de preferência mediante depósito em dinheiro, dada a urgência da medida, ou pedir, fundadamente, sua dispensa.

7. PETIÇÃO INICIAL

Segundo Orlando de Assis Corrêa, a petição inicial da medida cautelar

> deve estar instruída com a procuração, a prova da ameaça de protesto (aviso do oficial de protestos), a prova do pagamento do título, se for o caso, ou da devolução das mercadorias, ou a prova que servir para convencer o juiz de que a ação principal tem probabilidade de ser vencida pelo requerente (ASSIS CORRÊA, 1986, p. 77).

Aplica-se a essa petição, no que couber, o art. 282 do CPC, sobre os requisitos da petição inicial.

O requerente deve ainda indicar, na petição inicial, o processo que será proposto (processo principal), no caso de medida cautelar preparatória, ou, no caso de medida cautelar incidente, o processo principal em andamento, e o foro em que se encontra, bem como o valor da causa e as provas que pretende apresentar. É escusado dizer que o requerente deve pedir a expedição de mandado ao tabelião de protesto, para sustá-lo.

Como este livro se destina também aos advogados principiantes, não será demais acrescentar que o requerente não deve esquecer-se de providenciar com antecedência o preparo, isto é, o pagamento das custas, no caso, da taxa judiciária devida, e juntar à petição inicial o comprovante de pagamento, antes de dar-lhe entrada, sob pena de não ser sequer protocolada.

8. VALOR DA CAUSA: OMISSÃO DA LEI PROCESSUAL

Por ser omissa a lei processual sobre o valor da causa da ação cautelar, compete ao requerente atribuir-lhe um valor razoável, atento o interesse econômico e moral envolvido na sustação de protesto.

9. JURISPRUDÊNCIA SOBRE O VALOR DA CAUSA

Segundo a jurisprudência do STJ, o valor da causa da ação cautelar não tem necessariamente relação com o valor da causa da ação principal, por serem distintos os objetos de cada uma, não guardando identidade econômica.

I.   Nesse sentido, decidiu o Tribunal no REsp n. 865.646/MT (4ª Turma, rel. Min. Aldir Passarinho Junior, *DJe* 06.10.2008).

II. No REsp n. 162.334/SP, o Tribunal assentou (ementa):

> Tratando-se de medida cautelar que objetiva a simples sustação provisória do protesto de títulos, enquanto na ação principal se discutirá a revisão do contrato e do débito exigido pela credora, incabível é a fixação, de ofício, do valor da causa com base no montante da cambial, que não reflete a real expressão econômica do objeto específico da lide preventiva.
>
> Razoável considerar-se o valor indiretamente estimado pelos autores, em correspondência percentual com as custas recolhidas no ajuizamento da cautelar (4ª Turma, Rel. Min. Aldir Passarinho Junior, *DJ* 21.02.2000).

10. PRAZO PARA A AÇÃO PRINCIPAL

De acordo com o art. 806 do CPC/73 (art. 308, *caput*, do CPC/2015), cabe à parte propor a ação principal no prazo de 30 dias, contados da efetivação da medida cautelar, quando esta for concedida em procedimento preparatório. Essa norma não se aplica, pois, à ação cautelar incidente, visto que esta é ajuizada no curso do processo principal. Não proposta a ação principal no prazo de 30 dias, contados da efetivação da medida, a cautelar perde *ipso facto* sua eficácia.

11. REVOGABILIDADE DA MEDIDA

Nos termos do art. 807 do CPC/73 (art. 296, *caput*, do CPC/2015), a medida cautelar conserva sua eficácia no prazo do art. 806 do CPC/73 (art. 308, *caput*, do CPC/2015), ou seja, 30 dias, contados de sua efetivação e no curso do processo principal; mas pode, a qualquer tempo, ser revogada ou modificada pelo juiz.

12. CESSAÇÃO DA EFICÁCIA

Conforme o disposto no art. 808 do CPC/73 (art. 309 do CPC/2015), cessa a eficácia da medida preventiva:

I. se a parte não intentar a ação principal no prazo do art. 806 do CPC/73 (art. 308, *caput*, do CPC/2015);

II. se não for executada dentro de 30 dias;

III. se o juiz declarar extinto o processo principal, com ou sem julgamento do mérito.

Acrescenta o parágrafo único que, "se, por qualquer motivo, cessar a medida, é defeso à parte repetir o pedido, salvo por outro fundamento".

13. INDEFERIMENTO

Segundo o disposto no art. 810 do CPC/73 (art. 310 do CPC/2015), o indeferimento da medida não obsta a que a parte intente a ação principal, nem influi no julgamento desta, "salvo se o juiz, no procedimento cautelar, acolher a alegação de decadência ou de prescrição do direito do autor".

A propósito, estabelece o art. 219, § 5º, do CPC/73 (art. 487, parágrafo único, do CPC/2015), com a redação da Lei n. 11.280/2006, que "o juiz pronunciará, de ofício, a prescrição". Dispõe ainda o art. 295, IV, do CPC/73 (art. 332, § 1º, do CPC/2015), com a redação determinada pela mesma lei, que a petição inicial será indeferida "quando o juiz verificar, desde logo, a decadência ou a prescrição".

14. AGRAVO DE INSTRUMENTO

Por aplicação do disposto no art. 522 do CPC/73 (art. 1.015 do CPC/2015), com a redação da Lei n. 11.187/2005, da decisão que indeferir a liminar em ação cautelar de sustação ou cancelamento de protesto, ou de suspensão de seus efeitos, cabe agravo de instrumento.

Nos termos do art. 525 do CPC/73 (art. 1.017 do CPC/2015), com a redação da Lei n. 9.139/95, a petição do agravo será instruída com cópia da decisão agravada, da certidão da respectiva intimação e das procurações outorgadas aos advogados do agravante e do agravado. Acompanhará a petição o comprovante do pagamento das respectivas custas e do porte de retorno, quando devidos.

Conforme o art. 525, § 1º do CPC/73 (art. 1.017, § 1º, do CPC/2015) com a redação da Lei n. 9.139/95, o agravante, no prazo de três dias, requererá juntada, aos autos do processo, de cópia da petição do agravo de instrumento e do comprovante de sua interposição, devendo incluir no requerimento a relação dos documentos que instruíram o recurso. Segundo o art. 527, III do CPC/73 (art. 1.019, I, do CPC/2015) com a redação da Lei n. 10.352/2001, o relator poderá atribuir efeito suspensivo ao recurso, comunicando ao juiz sua decisão.

A decisão liminar proferida somente é passível de reforma no julgamento do agravo, salvo se o próprio relator a reconsiderar (art. 527, parágrafo único do CPC/73, com a redação da Lei n. 11.187/2005 – sem correspondente no CPC/2015). Se o juiz comunicar que reformou inteiramente a decisão, o relator considerará prejudicado o agravo (art. 529 do CPC/73, com a redação da Lei n. 9.139/95 – sem correspondente no CPC/2015).

PARTE IV

Cancelamento de protesto

Capítulo I

PRECEDENTES

1. PRIMEIRAS LEIS

Não interessa à sociedade a eternização dos efeitos do protesto, que tantos transtornos causa a quem tem título protestado. Sensível a esse aspecto social da questão, o legislador interveio, primeiro com a Lei n. 6.268/75, que previa a averbação do pagamento do título protestado no respectivo registro.

A desvantagem dessa lei é que a averbação não impedia a certidão do registro do protesto do título pago, o que levou o legislador a aprovar a Lei n. 6.690/79, segundo a qual somente se poderia fornecer certidão do registro do protesto cancelado a requerimento do próprio devedor ou por determinação judicial.

Para a averbação do cancelamento do protesto, deveria o devedor apresentar ao cartório o título protestado, devidamente quitado. Na impossibilidade de exibição deste, cumpriria ao devedor apresentar declaração de anuência do credor ao cancelamento pretendido, de acordo com a Lei n. 7.401/85, que alterou a redação da lei de 1979.

2. SISTEMA EM VIGOR

A matéria está hoje regulada na LP, que manteve, em linhas gerais, o sistema da Lei n. 6.690/79, com as alterações da Lei n. 7.401/85.

3. CANCELAMENTO ADMINISTRATIVO E JUDICIAL

Para os fins de trabalho, dividiremos cancelamento de protesto em dois grupos: o cancelamento administrativo e o cancelamento judicial. O cancelamento administrativo, por sua vez, pode ser judicial ou extrajudicial.

O cancelamento administrativo é judicial, quando seu pedido se processa perante o juiz corregedor, e extrajudicial, quando seu pedido se processa perante o tabelião de protesto.

Nessa ordem de ideias, o cancelamento judicial pode ser de duas categorias: o cancelamento judicial *lato sensu* e o cancelamento judicial *stricto sensu*. O cancelamento judicial *lato sensu*, por sua vez, desdobra-se em duas hipóteses: o cancelamento ordenado pelo juiz no exercício da função correcional, que é de natureza administrativa, e o cancelamento ordenado pelo juiz no exercício da função jurisdicional.

Isso posto, chamaremos o cancelamento determinado pelo juiz, no primeiro caso, *cancelamento correcional*; e, no segundo, *cancelamento judicial stricto sensu*.

4. CANCELAMENTO EXTRAJUDICIAL

Para o cancelamento extrajudicial de protesto, deve o interessado, com o requerimento adrede formulado, apresentar, ao tabelionato que o processou, o título protestado, do qual se arquivará cópia em cartório (art. 26).

É aplicação do princípio contido no art. 324 do Código Civil de 2002 (correspondente ao art. 945 do Código Civil de 1916), segundo o qual a entrega do título ao devedor firma a presunção de pagamento.

O documento deve ser apresentado no original, não se admitindo cópia, ainda que autenticada (Lei n. 6.690/75, art. 2º, § 1º, com a redação da Lei n. 7.401/85). Essa norma pode ser considerada ainda em vigor, diante da lacuna da LP.

Estabelece o art. 26, § 2º, dessa última que, das certidões de protesto, não constarão os registros cujo cancelamento tenha sido averbado, salvo a requerimento escrito do próprio devedor ou por ordem judicial.

5. CANCELAMENTO JUDICIAL *LATO SENSU*

O cancelamento do protesto fundado em outro motivo que não o pagamento do título só pode ser efetuado por determinação judicial (LP, art. 26, § 3º).

Extinta a obrigação por sentença judicial, o cancelamento do protesto pode ser requerido com a apresentação de certidão expedida pela secretaria do juízo processante, com menção ao trânsito em julgado, que substituirá o título protestado (§ 4º).

6. PRESSUPOSTO DO CANCELAMENTO JUDICIAL

O cancelamento judicial *lato sensu* tem como pressuposto a existência de um protesto indevido, quer por inobservância das formalidades legais, quer por ilicitude ou por impossibilidade jurídica de seu objeto (Código Civil, arts. 104, II e III, e 166, II, IV e V, c/c art. 185).

7. PROTESTO INDEVIDO

Para os fins deste trabalho, dividiremos o protesto indevido em três categorias: protesto formalmente irregular; protesto juridicamente impossível; e protesto abusivo.

O protesto formalmente irregular corresponde ao ato jurídico nulo por inobservância das formalidades legais; o juridicamente impossível, ao ato nulo por ser juridicamente impossível seu objeto; e o protesto abusivo, ao ato nulo por ilicitude do objeto.

Exemplo de protesto formalmente irregular, que justifica o cancelamento correcional, é o de protesto, por engano, de um título pago no cartório antes de seu registro.

Exemplo de protesto juridicamente impossível é o de cheque furtado, roubado, perdido ou fraudado, supondo-se que o portador o tenha adquirido de boa-fé.

Exemplos de protesto abusivo são, entre outros: o de duplicata simulada, isto é, duplicata que não corresponda à mercadoria vendida, em quantidade ou qualidade, ou ao serviço prestado (Código Penal, art. 172); o de duplicata emitida apesar da falta de entrega da mercadoria, ou apesar de tê-la o comprador, comprovadamente, devolvido; e o de cheque prescrito.

8. COMUNICAÇÃO DO CANCELAMENTO DE PROTESTO: ÔNUS DO DEVEDOR

Como notam Donizete de Oliveira e Luiz Barbosa, o pagamento do título, após o registro do protesto, não obriga o credor a requerer ao tabelião de protesto seu cancelamento. A jurisprudência tem entendido que o ônus desse procedimento é do devedor ou interessado, e não do credor (OLIVEIRA e BARBOSA, 2009, p. 121).

Nesse sentido, é, de fato, a jurisprudência do STJ, como nos seguintes julgados:

I.   REsp n. 812.523/RS (4ª Turma, rel. Min. Jorge Scartezzini, *DJ* 02.06.2003);

II. REsp n. 842.092/MS (4ª Turma, rel. Min. Cesar Asfor Rocha, *DJ* 28.05.2007).

No entanto, o pagamento da dívida obriga o credor a comunicá-lo às entidades de proteção ao crédito, para a devida baixa no cadastro de inadimplentes, como se verifica nos seguintes julgados do STJ:

I.   REsp n. 292.045/RJ (3ª Turma, rel. Min. Carlos Alberto Menezes Direito, *DJU* 08.10.2001);

II. REsp n. 299.456/SE (4ª Turma, rel. Min. Aldir Passarinho Junior, *DJU* 02.06.2003).

A razão da diferença de tratamento, quanto à obrigação do credor, é que o cancelamento de protesto se rege pelo disposto no art. 26 da LP, e o cancelamento da inscrição no cadastro de inadimplentes, mantido pelas entidades de proteção ao crédito, pelo disposto no art. 73 do Código de Proteção ao Consumidor (Lei n. 8.078/90).

De acordo com o art. 26 da LP, pode qualquer interessado, notadamente o devedor, que é o principal interessado, requerer ao tabelião de protesto o seu cancelamento, mediante apresentação do título protestado, o que faz presumir a sua quitação (Código Civil, art. 324). A LP, que é lei especial, não impõe ao credor nenhuma obrigação de requerer o cancelamento do protesto.

Em contraste, é da responsabilidade do credor, de conformidade com o art. 26 do Código de Proteção ao Consumidor, providenciar a baixa do nome do devedor no cadastro de inadimplentes mantido pelas entidades de proteção ao crédito, depois de pago o título protestado.

PARTE V

Modelos de petição

MODELO DE PETIÇÃO N. 1
PETIÇÃO INICIAL DE MEDIDA CAUTELAR
DE SUSTAÇÃO DE PROTESTO

NOTA: Como este livro se destina também aos advogados principiantes, não será demais dizer que o requerente não deve esquecer-se de juntar a prova do preparo. No jargão forense, *preparo*, reduzido à sua expressão mais simples, é o pagamento das custas; no caso da petição inicial, o pagamento da taxa judiciária. Recebe esse nome provavelmente porque significa o ato de colocar a petição em condições de ser despachada pelo juiz, o que implica a prova do pagamento das custas forenses.

Para esse fim, deve o advogado estar atento ao expediente bancário, providenciando o preparo com a devida antecedência, e juntar à petição inicial o comprovante de seu pagamento, antes de dar-lhe entrada, sob pena de não ser sequer admitida.

Excelentíssimo Senhor Doutor Juiz de Direito da Comarca de ....
FULANO DE TAL (qualificar), por seu advogado (procuração junta, doc. 1), inscrito na OAB/SP n. ..., com escritório nesta cidade, rua... CEP..., onde

receberá intimação, vem respeitosamente propor, com base nos arts. 796 e seguintes do CPC/73 (art. 294, parágrafo único, do CPC/2015), a presente AÇÃO CAUTELAR DE SUSTAÇÃO DE PROTESTO contra (qualificar a empresa), em vista das seguintes razões de fato e de direito:

1. O Requerente, em (data), pelo pedido de (data, doc. 2), adquiriu da Requerida (especificar a mercadoria adquirida), no valor de R$ 20.000,00, conforme a nota fiscal n. ... (doc. 3), que deu origem à duplicata apresentada a protesto no ... Tabelionato de Protesto de Títulos desta Comarca (doc. 4).

> NOTA: Assim como no processo de execução não há autor e réu, mas credor e devedor, no processo cautelar também não há autor e réu, mas requerente e requerido, para não confundir com o autor e réu, respectivamente, do processo principal.

2. Ocorre que a mercadoria adquirida foi devolvida à Requerida por divergir do pedido, e que a Requerida a recebeu de volta (docs. 2 e 5).

3. Não obstante tais fatos, o Requerente foi surpreendido com a apresentação da duplicata a protesto, por indicações da Requerida (doc. 6).

4. No entanto, o Requerente não é devedor da duplicata sacada, sendo indevida sua cobrança e seu protesto, o qual, se efetivado, comprometerá seriamente o crédito do Requerente, que nunca teve título protestado.

> NOTA: O requerente poderá juntar oportunamente, se necessário, a certidão negativa de protesto. Como essa certidão leva alguns dias para ser expedida, especialmente se houver vários cartórios de protesto na comarca, convém ao requerente, nesta fase do processo, apenas protestar pela produção de provas.

5. Para devolver a mercadoria, o Requerente usou do direito que lhe confere o art. 8º, II, da Lei n. 5.474/68, a saber:

> Art. 8º O comprador só poderá deixar de aceitar a duplicata por motivo de:

[...]

I. vícios, defeitos e diferenças na qualidade ou na quantidade das mercadorias, devidamente comprovados.

6. Jurisprudência. De acordo com a jurisprudência do TJSP, cabe sustação de protesto ou dos efeitos do protesto, quando a mercadoria for devolvida por divergir do pedido.

I. Na APL n. 201.196/SP, decidiu o Tribunal (ementa):

> Duplicata. Protesto. Hipótese em que a devolução da mercadoria já havia sido comunicada, dada a divergência com o pedido. Saque e protesto indevidos (20ª Câmara de Direito Privado, rel. Des. Luiz Carlos de Barros Figueirêdo, publ. 21.08.2012).

II. No AI n. 99.109.053.841-3/SP, entendeu o Tribunal (ementa):

> Sustação de efeitos do protesto. Devolução de mercadorias adquiridas. Inadequação do material adquirido frente às especificações exigidas. Vício redibitório. Nota fiscal para devolução recebida pelo fornecedor.
> A diligência para devolução imediata dos produtos recebidos, que não atendem às especificações exigidas, deve atender à essencial formalidade de emissão de documento fiscal adequado, a ser acompanhada das razões que fundamentam a justa causa para devolução (18ª Câmara de Direito Privado, rel. Des. Alexandre Lazzarini, publ. 01.06.2010).

7. Como provam os docs. 2 e 5, repetimos, o Requerente devolveu a mercadoria por não corresponder às especificações do pedido, sendo, assim, indevido o protesto, de acordo com a jurisprudência citada.

8. De mais a mais, a Requerida não remeteu a duplicata ao aceite do sacado, na forma do art. 6º, §§ 1º e 2º, da Lei n. 5.474/68, cabendo, naturalmente, ao sacador a prova da remessa, condição *sine qua non* para seu protesto por indicações do portador, nos termos do art. 13, § 1º, da Lei n. 5.474/68, e do art. 21, § 3º, da Lei n. 9.492/97, *in verbis*:

I.   Lei n. 5.474/68, art. 13, § 1º:

§ 1º Por falta de aceite, de devolução ou de pagamento, o protesto será tirado, conforme o caso, mediante apresentação da duplicata, da triplicata, ou ainda, por simples indicações do portador, na falta de devolução do título.

II.   Lei n. 9.492/97, art. 21, § 3º:

§ 3º Quando o sacado retiver a letra de câmbio ou a duplicata enviada para aceite e não proceder à devolução no prazo legal, o protesto poderá ser baseado na segunda via da letra de câmbio ou nas indicações da duplicata, que se limitarão a conter os mesmos requisitos lançados pelo sacador ao tempo da emissão da duplicata [...].

9.   A medida cautelar de sustação de protesto pode ser concedida liminarmente, de acordo com os arts. 798 (arts. 297, *caput*, e 301 do CPC/2015) e 804 do CPC/73 (art. 300, §§ 1º e 2º do CPC/2015) pois, se efetuado, causará lesão grave e de difícil reparação à idoneidade moral e financeira do Requerente.

10.   Presentes, nesta ação, os requisitos do *fumus boni iuris* e do *periculum in mora*, justifica-se a concessão liminar da medida, com base no art. 804 do CPC/73 (art. 300, §§ 1º e 2º do CPC/2015).

11.   À vista do exposto, pede a Vossa Excelência se digne a conceder liminarmente a medida cautelar, *inaudita altera parte*, e independentemente de caução, com fundamento no art. 804 do CPC/73 (art. 300, §§ 1º e 2º do CPC/2015), para sustar o protesto e determinar expedição de mandado ao Tabelião do ... Cartório de Protesto de Títulos desta Comarca, para que se abstenha de lavrá-lo, até decisão final da ação ordinária, a ser ajuizada pelo Requerente no prazo do art. 806 do CPC/73 (art. 308, *caput*, do CPC/2015), para a anulação do título.

NOTA: Embora o juiz possa determinar *ex officio* a prestação de caução, convém ao requerente, a bem de seu interesse, e dada a urgência da medida, requerer a sua dispensa, ou, o que é mais prudente, oferecê-la desde logo, de preferência em dinheiro.

12. Requer a citação da Requerida por via postal (CPC/73, arts. 221, I, e 222; CPC/2015, arts. 246, I, e 247), para contestar, querendo, a presente ação no prazo legal, sob pena de revelia.

13. Protesta por todos os meios de prova admitidos em Direito, especialmente documentais, para demonstrar o alegado.

14. Dá à causa o valor de R$ 10.000,00.

NOTA: Por ser omissa a lei processual sobre o valor da causa da ação cautelar, compete ao requerente atribuir-lhe um valor razoável, atento o interesse econômico e moral envolvido na sustação de protesto.

15. Jurisprudência sobre o valor da causa. Segundo a jurisprudência do STJ, o valor da causa da ação cautelar não tem necessariamente relação com o valor da causa da ação principal, por serem distintos os objetos de cada uma, não guardando identidade econômica.

I. Nesse sentido, decidiu o Tribunal no REsp n. 865.646/MT (4ª Turma, rel. Min. Aldir Passarinho Junior, *DJe* 06.10.2008).

II. No REsp n. 162.334/SP, o Tribunal assentou (ementa):

Tratando-se de medida cautelar que objetiva a simples sustação provisória do protesto de títulos, enquanto na ação principal se discutirá a revisão do contrato e do débito exigido pela credora, incabível é a fixação, de ofício, do valor da causa com base no montante da cambial, que não reflete a real expressão econômica do objeto específico da lide preventiva.

Razoável considerar-se o valor indiretamente estimado pelos autores, em

PROTESTO DE TÍTULOS

correspondência percentual com as custas recolhidas no ajuizamento da cautelar (4ª Turma, rel. Min. Aldir Passarinho Junior, *DJ* 21.02.2000).

16. De acordo com a jurisprudência citada, o Requerente considera razoável o valor atribuído à causa, atento o interesse econômico e moral envolvido na sustação de protesto.

Ex positis, pede deferimento.

(Local e data)

(Assinatura e n. de OAB do advogado)

MODELO DE PETIÇÃO N. 2
PETIÇÃO INICIAL DE MEDIDA CAUTELAR
DE SUSTAÇÃO DE PROTESTO

NOTA: Não custa repetir o que foi dito no Modelo n. 1:

"Como este livro se destina também aos advogados principiantes, não será demais dizer que o requerente não deve esquecer-se de juntar a prova do preparo. No jargão forense, *preparo*, reduzido à sua expressão mais simples, é o pagamento das custas; no caso da petição inicial, o pagamento da taxa judiciária. Recebe esse nome provavelmente porque significa o ato de colocar a petição em condições de ser despachada pelo juiz, o que implica a prova do pagamento das custas forenses.

Para esse fim, deve o advogado estar atento ao expediente bancário, providenciando o preparo com a devida antecedência, e juntar à petição inicial o comprovante de seu pagamento, antes de dar-lhe entrada, sob pena de não ser sequer admitida."

Excelentíssimo Senhor Doutor Juiz de Direito da Comarca de ....
FULANO DE TAL (qualificar), por seu advogado (procuração junta, doc.

n. 1), inscrito na OAB/SP n. ..., com escritório nesta cidade, rua ....,
CEP..........., onde receberá intimação, vem respeitosamente propor, com
base nos arts. 796 e seguintes do CPC/73 (art. 294, parágrafo único, do
CPC/2015), a presente

AÇÃO CAUTELAR DE SUSTAÇÃO DE PROTESTO contra (qualificar a
empresa), em vista das seguintes razões de fato e de direito:

1.   O Requerente foi surpreendido com a apresentação de uma duplicata
por indicações a protesto, no valor de R$ 30.000,00, conforme intimação
recebida em (data) do... Tabelionato de Protesto de Títulos desta Comarca,
emitida em (data) e vencida em (data), figurando, como sacador e endossante, a Requerida e, como endossatário para fins de cobrança (endosso-
-mandato) e apresentante do título a protesto, o Banco... (doc. 2).

NOTAS:

a.   Assim como no processo de execução não há autor e réu, mas credor e devedor, no processo cautelar também não há autor e réu, mas
requerente e requerido, para não confundir com o autor e réu, respectivamente, do processo principal.

b.   Como, no presente caso, se trata de endosso-mandato, deve figurar no
polo passivo o endossante, e somente o endossante, e não o endossatário.

2.   Ocorre que está pendente de julgamento uma ação ordinária, na qual
se discute o montante da dívida referente à mencionada duplicata (doc. 3),
sendo, portanto, indevido seu protesto.

3.   Segundo a jurisprudência, cabe a sustação de protesto, quando pendente de julgamento a ação principal sobre o valor do título apresentado a
protesto.

I.   No AI n. 0297.832-6/SP, decidiu o TJSP (ementa):

MODELO DE PETIÇÃO N. 2

Enquanto pendente demanda na qual o montante do débito esteja sendo discutido, é lícita a sustação do protesto do título representativo da dívida, por decisão judicial, sobretudo porque são notórios os constrangimentos decorrentes da lavratura do ato público, muitos dos quais afinal acabam se revelando injustos, dando azo a indenização de natureza pecuniária (26ª Câmara de Direito Privado, rel. Des. Renato Sartorelli, publ. 17.02.2012).

II. No Ag n. 70.008.238.271, entendeu o TJRS (ementa):

1. Enquanto *sub judice* a existência do débito ou o montante que a ele corresponde, autorizada está a concessão da tutela antecipatória, no sentido de que seja suspensa a inscrição do nome do devedor nos cadastros de inadimplentes.

2. Havendo possibilidade razoável de que a revisão pretendida pela agravante seja julgada procedente, com o que é possível que já esteja quitado o débito que mantém junto à instituição agravada, é bastante plausível que se autorize a suspensão da cobrança dos cheques que se encontram em poder da recorrida, até o deslinde da demanda principal.

3. Pendente ação revisional do contrato em discussão, é vedado à instituição financeira protestar qualquer espécie de título oriundo do contrato em discussão" (12ª Câmara Cível, rel. Des. Marcelo Cezar Müller, j. 04.03.2004).

4. Em consequência, deve ser sustado o protesto da duplicata, o qual, se efetivado, comprometerá seriamente o crédito do Requerente, que goza de bom conceito na praça e nunca teve título protestado.

NOTA: O requerente poderá juntar oportunamente, se necessário, a certidão negativa de protesto. Como essa certidão leva alguns dias para ser expedida, especialmente quando houver vários cartórios de protesto na comarca, convém ao requerente apenas protestar, nesta fase do processo, pela produção de provas.

5. De mais a mais, a Requerida não remeteu a duplicata ao aceite do sacado, na forma do art. 6°, §§ 1° e 2°, da Lei n. 5.474/68, cabendo, naturalmente, ao sacador a prova da remessa, condição *sine qua non* para seu protesto por indicações do portador, nos termos do art. 13, § 1°, da Lei n. 5.474/68 e do art. 21, § 3°, da Lei n. 9.492/97, *in verbis*:

I. Lei n. 5.474/68, art. 13, § 1°:

§ 1° Por falta de aceite, de devolução ou de pagamento, o protesto será tirado, conforme o caso, mediante apresentação da duplicata, da triplicata, ou ainda, por simples indicações do portador, na falta de devolução do título.

II. Lei n. 9.492/97, art. 21, § 3°:

§ 3° Quando o sacado retiver a letra de câmbio ou a duplicata enviada para aceite e não proceder à devolução no prazo legal, o protesto poderá ser baseado na segunda via da letra de câmbio ou nas indicações da duplicata, que se limitarão a conter os mesmos requisitos lançados pelo sacador ao tempo da emissão da duplicata...

6. A medida cautelar de sustação de protesto pode ser concedida liminarmente, de acordo com os arts. 798 (arts. 297, *caput* e 301 do CPC/2015) e 804 (art. 300, §§ 1° e 2°, do CPC/2015), ambos do CPC/73, pois, se efetuado, causará grave e dificilmente reparável lesão à idoneidade moral e financeira do Requerente.

7. Presentes, nesta ação, os requisitos do *fumus boni iuris* e do *periculum in mora*, justifica-se a concessão liminar da medida, com base no art. 804 do CPC/73 (art. 300, §§ 1° e 2°).

8. À vista do exposto, pede a Vossa Excelência se digne a conceder liminarmente a medida cautelar, *inaudita altera parte*, e independentemente de caução, com fundamento no art. 804 do CPC, para sustar o protesto, e determinar expedição de mandado ao Tabelião do ... Cartório de Protesto de Títulos desta

Comarca, para que se abstenha de lavrá-lo, até decisão final da AÇÃO ORDI-NÁRIA sobre o montante da dívida referente ao título apresentado a protesto, que está sendo discutida no Processo n. .., em curso na Vara ... (doc. 4).

> NOTA: Embora o juiz possa determinar *ex officio* a prestação de caução, convém ao requerente, a bem de seu interesse, e dada a urgência da medida, requerer a sua dispensa, ou, o que é mais prudente, oferecê-la desde logo, de preferência em dinheiro.

9. Requer a citação da Requerida por via postal (CPC/73, arts. 221, I, e 222; CPC/2015, arts. 246, I, e 247), para contestar, querendo, a presente ação no prazo legal, sob pena de revelia.

10. Protesta por todos os meios de prova admitidos em Direito, especialmente documentais, para demonstrar o alegado.

11. Dá à causa o valor de R$ 20.000,00.

12. Valor da causa

> NOTA: Por ser omissa a lei processual sobre o valor da causa da ação cautelar, compete ao requerente atribuir-lhe um valor razoável, atento o interesse econômico e moral envolvido na sustação de protesto.

13. Jurisprudência sobre o valor da causa. Segundo a jurisprudência do STJ, o valor da causa da ação cautelar não tem necessariamente relação com o valor da causa da ação principal, por serem distintos os objetos de cada uma, não guardando identidade econômica.

I. Nesse sentido, decidiu o Tribunal no REsp n. 865.646/MT (4ª Turma, rel. Min. Aldir Passarinho Junior, *DJe* 06.10.2008).

II. No REsp n. 162.334/SP, o Tribunal assentou (ementa):

> Tratando-se de medida cautelar que objetiva a simples sustação provisória do protesto de títulos, enquanto na ação principal se discutirá a revisão do contrato e do débito exigido pela credora, incabível é a fixação, de ofício,

PROTESTO DE TÍTULOS

do valor da causa com base no montante da cambial, que não reflete a real expressão econômica do objeto específico da lide preventiva.

Razoável considerar-se o valor indiretamente estimado pelos autores, em correspondência percentual com as custas recolhidas no ajuizamento da cautelar (4ª Turma, rel. Min. Aldir Passarinho Junior, *DJ* 21.02.2000).

14. De acordo com a jurisprudência citada, o Requerente considera razoável o valor atribuído à causa, atento o interesse econômico e moral envolvido na sustação de protesto.

Ex positis, pede deferimento.

(Local e data)

(Assinatura e n. de OAB do advogado)

MODELO DE PETIÇÃO N. 3
PETIÇÃO PARA CONVERTER A SUSTAÇÃO DE PROTESTO EM SUSPENSÃO DE SEUS EFEITOS

Excelentíssimo Senhor Doutor Juiz de Direito da Comarca de ...

Processo n. ...

FULANO DE TAL, qualificado nos autos do Processo em epígrafe, por seu advogado, respeitosamente requer a Vossa Excelência seja convertida a medida cautelar de sustação de protesto em

MEDIDA CAUTELAR DE SUSPENSÃO DOS EFEITOS DO PROTESTO,

considerando-se que, quando recebido pelo Cartório de Protesto mandado de sustação liminar, o protesto já havia sido efetivado, como faz certo o ofício expedido a Vossa Excelência pelo Tabelião de Protesto (documento junto).

1. Como, por sua vez, a Requerida ainda não foi citada, é possível a modificação do pedido e da causa de pedir, nos termos do art. 264, *caput*, da lei processual (art. 329, *caput*, I e II do CPC/2015).

2. Para que não se agrave a situação do Requerente, pede seja convertida a sustação de protesto em suspensão de seus efeitos, expedindo-se mandado de suspensão liminar ao Tabelião para averbar no registro correspondente a suspensão liminar dos efeitos do protesto.

3. Segundo a jurisprudência do TJSP, é lícito converter o pedido de sustação de protesto em pedido de suspensão dos seus efeitos, antes da citação, quando o protesto já tiver sido tirado ao receber o notário o mandado de sustação.

I. Na APL n. 9.094.414-09/SP, decidiu o Tribunal (ementa):

> A sustação dos efeitos do protesto pode ser pedida no juízo de primeiro grau, em procedimento próprio, até como antecipação de tutela em ação ordinária de cancelamento de protesto (18ª Câmara de Direito Privado, rel. Des. Jurandir de Sousa Oliveira, publ. 30.11.2011).

II. Na APL n. 9.257.882-61/SP, entendeu o Tribunal (ementa):

> Medida cautelar inominada. Sustação de protesto de cheques. Alegado não recebimento das mercadorias. Liminar deferida. Perda superveniente do objeto, pelo protesto dos títulos. Extinção do processo, sem julgamento de mérito. Pretendido prosseguimento, para suspensão dos efeitos do protesto. Postulação objetivando modificar o pedido em cautelar de sustação de protesto para de suspensão dos efeitos dele, por já ter sido tirado, quando formulada depois da citação, não pode ser acolhida, salvo se houver concordância da parte adversa, nos termos do art. 294, *caput*, da lei instrumental (11ª Câmara de Direito Privado, rel. Des. Antônio Carlos Vieira de Moraes, j. 13.05.2010).

Do segundo aresto, conclui-se ser lícita a modificação do pedido antes da citação, *a contrario sensu* do disposto no art. 294 do CPC/73 (art. 329, I, do CPC/2015), segundo o qual pode o autor alterar o pedido antes da citação, correndo à sua conta as custas acrescidas em razão dessa iniciativa.

4. Requer seja a concessão da liminar comunicada às entidades de proteção ao crédito, para que deem baixa do protesto em seu banco de dados.

5. Requer ainda a citação da Requerida por via postal (CPC/73, arts. 221, I, e 222; CPC/2015, arts. 246, I, e 247), para contestar, querendo, a presente ação no prazo legal, sob pena de revelia.

Ex positis, pede deferimento.

(Local e data)

(Assinatura e n. de OAB do advogado)

REFERÊNCIAS BIBLIOGRÁFICAS

AMARAL SANTOS, Moacyr. *Primeiras linhas de direito processual civil*. 27.ed. Atualizada por Maria Beatriz Amaral Santos Köhnen. Vol. I. São Paulo, Saraiva, 2010.

_____. *Primeiras linhas de direito processual civil*. 27.ed. Atualizada por Maria Beatriz Amaral Santos Köhnen. Vol. II. São Paulo, Saraiva, 2010.

ASSIS CORRÊA, Orlando de. *Processo cautelar e sustação de protesto:* teoria e prática. Rio de Janeiro, Aide, 1986.

BORGES, João Eunápio. *Títulos de crédito*. 2.ed. Rio de Janeiro, Forense, 1983.

BEVILÁQUA, Clóvis. *Código Civil dos Estados Unidos do Brasil*. Edição histórica. Rio de Janeiro, Ed. Rio, 1976.

COMPARATO, Fábio Konder. *Revista de Direito Mercantil*, n. 83. São Paulo, Revista dos Tribunais, 1991.

FREDERICO MARQUES, José. *Instituições de direito processual civil*. 4.ed. Vol. II. Rio de Janeiro, Forense, 1971.

GARCIA, Rubem. *O Protesto de Títulos*. São Paulo, Revista dos Tribunais, 1981.

GOMES, Orlando. *Introdução ao direito civil*. 2.ed. Rio de Janeiro, Forense, 1965.

GRINBERG, Mauro. *Protesto cambial*. São Paulo, Saraiva, 1983.

JUNQUEIRA, José de Mello; BRACCIO, Silvério Paulo. *Protesto de títulos. circa* 2000.

MERCADO JÚNIOR, Antônio. *Nova Lei Cambial e Nova Lei do Cheque.* 3.ed. São Paulo, Saraiva, 1971.

OLIVEIRA, Donizete de; BARBOSA, Luiz. *Manual prático do protesto extrajudicial.* São Paulo, Lemos e Cruz, 2009.

PARIZZATO, João Roberto. *Protesto de títulos de crédito.* 5.ed. Leme, Edipa, 2010.

PONTES DE MIRANDA, Francisco Cavalcanti. *Tratado de direito cambiário.* 2.ed. Vol. I. São Paulo, Max Limonad, 1954.

SARAIVA, José A. *A cambial.* Belo Horizonte, Imprensa Oficial de Minas, 1918.

TEIXEIRA, Egberto Lacerda. *A nova lei brasileira do cheque.* 4.ed. São Paulo, Saraiva, 1988.

MOTA, Pedro Vieira. *Sustação do protesto cambial.* 7.ed. São Paulo, Saraiva, 1990.

WHITAKER, José Maria. *Letra de câmbio.* 7.ed. São Paulo, Revista dos Tribunais, 1963.

ÍNDICE SISTEMÁTICO

Sumário. V

Apresentação VII

Prefácio IX

PARTE I
Introdução

Capítulo I
Protesto de títulos: Conceito e natureza

1. Conceito. 2. Protesto notarial. 3. Natureza jurídica do protesto.
4. Prova insubstituível 3

Capítulo II
Origem do protesto

1. Da *protestatio* aos dias atuais 7

Capítulo III
O Protesto no Brasil

1. Código Comercial. 2. Da Lei Saraiva à Lei em Vigor 9

Capítulo IV
Notário ou tabelião de protesto

1. Delegação do Poder Público. 2. Notário ou Tabelião. 3. Oficial de Registro ou Registrador. 4. Delegação de Serviço Público. 5. Lei Reguladora das Atividades dos Notários e dos Oficiais de Registro. 6. Lei Federal. 7. Fé Pública. 8. Presunção de Veracidade. 9. Instrumento Público. 10. Autenticidade. 11. Ingresso Mediante Concurso Público. 12. Ação Direta de Inconstitucionalidade. 13. Lei Estadual. 14. Fiscalização pelo Poder Judiciário 11

PARTE II
O protesto segundo a lei em vigor

Capítulo I
Protesto: Definição legal e finalidade

1. Definição legal. 2. Ato jurídico solene. 3. Lei Aplicável. 4. Finalidade do Protesto. 5. Títulos e outros documentos de dívida. 6. Competência do tabelião de protesto. 7. Lugar do protesto. 8. Cheque: onde pode ser protestado. 9. Protesto necessário e não necessário. 10. Protesto necessário. 11. Protesto não necessário. 12. Ônus e obrigação 19

Capítulo II
Disposições especiais sobre o protesto

1. Casos de impedimento ao protesto. 2. Letra de câmbio em favor do próprio sacador. 3. Protesto de cheque: requisitos. 4. Conta conjunta. 5. Cheque furtado, roubado, perdido ou fraudado. 6. Título em moeda estrangeira. 7. Pagamento em moeda estrangeira: hipóteses legais. 8. Correção monetária. 9. Título em língua estrangeira. 27

Capítulo III
Protesto para fins falimentares

1. Lugar do protesto. 2. Intimação pessoal do devedor. 3. Intimação por edital.
4. Intimação do endossante 33

Capítulo IV
Protesto de duplicatas

1. Documentos necessários. 2. Protesto de duplicata por indicações do portador. 2.1. Pressuposto do protesto de duplicata por indicações. 3. Recusa do aceite de duplicata. 4. Envio das informações de duplicata para protesto, em forma eletrônica. 4.1. Duplicatas remetidas ao banco: simples cobrança e caução. 4.2. Simples cobrança. 4.3. Caução. 5. Impugnação do protesto de duplicata por indicações. 6. Impugnação judicial do protesto. 7. Sustação judicial de protesto de duplicata por indicações. 7.1. Protesto indevido de duplicata quando a mercadoria foi devolvida por divergir do pedido. 7.2. Protesto indevido de duplicata quando pendente demanda judicial sobre seu valor. 8. Protesto de boleto bancário 35

Capítulo V
Efeitos do protesto

1. Efeitos legais e extralegais. 2. Efeitos legais. 3. Efeitos extralegais. 4. Comentário a cada um dos efeitos legais do protesto. 4.1. Exercício do direito de regresso. 4.2. Interrupção da prescrição. 4.3. Pedido de falência do devedor. 4.4. Fixação do termo legal da falência. 4.5. Comprovação da mora do devedor. 4.6. Banco de dados. 4.7. Constituição do devedor em mora 43

Capítulo VI
Ordem dos trabalhos

1. Distribuição. 2. Protocolo. 3. Prazo para o registro de protesto. 4. Exame formal do título. 4.1. Exame prévio e posterior. 4.2. Exame prévio. 4.3. Exame posterior 5. Dúvidas do tabelião. 6. Desistência do protesto 49

Capítulo VII
Intimação

1. Conceito. 2. Conceito legal da LP de devedor. 3. Intimação do endossante ou do avalista. 4. Formas de intimação. 4.1. Intimação pessoal. 4.1.1. Meios de entrega da carta de intimação. 4.2. Intimação por edital. 55

Capítulo VIII
Pagamento do título

1. Formas de pagamento. 2. Prazo de pagamento. 61

Capítulo IX
Registro do protesto

1. Hipóteses legais de protesto. 2. Protesto por falta de devolução. 3. Protesto por falta de aceite. 4. Protesto por falta de pagamento. 5. Protesto da letra de câmbio e da duplicata por indicações do portador. 5.1. Protesto de duplicata por indicações do portador. 6. Protesto da letra de câmbio por indicações do portador. 7. Força maior. 8. Conceito legal de devedor. 9. Termo do protesto. 10. Requisitos do protesto. 11. Microfilmagem. 12. Protesto comum e protesto especial. 13. Recuperação judicial e falência. 14. Recuperação judicial. 15. Falência. 16. Comunicações obrigatórias 63

Capítulo X
Publicidade do protesto

1. Certidão. 2. Homonímia. 3. Inclusão do nome dos endossantes e avalistas na certidão. 4. Cadastro de inadimplentes 71

Capítulo XI
Emolumentos

1. Fixação em lei. 2. Cotação 75

Capítulo XII
Responsabilidade do tabelião

1. Responsabilidade civil. 2. Responsabilidade administrativa.

3. Responsabilidade penal 77

Capítulo XIII
Termo inicial da incidência de juros

1. Obrigações sem prazo determinado. 79

PARTE III
Sustação de protesto

Capítulo I
Medida cautelar

1. Introdução. 2. Sustação e cancelamento de protesto. 3. Suspensão dos efeitos de protesto. 4. Providências a cargo do tabelião 83

Capítulo II
Fundamento jurídico da sustação judicial

1. Pressuposto da sustação. 2. Questão preliminar. 3. Protesto indevido. 4. Protesto formalmente irregular. 5. Protesto juridicamente impossível. 6. Protesto abusivo. 7. Uma realidade melancólica. 8. Finalidade da ação. 9. Criação jurisprudencial 85

Capítulo III
Jurisprudência sobre sustação de protesto

1. Protesto de duplicata, quando devolvida a mercadoria por divergir do pedido. 2. Protesto de título, quando pendente ação principal sobre seu valor. 3. Protesto de cheque prescrito. 91

Capítulo IV
Procedimento

1. Medida cautelar inominada. 2. *Fumus boni iuris*. 3. *Periculum in mora*. 4. Requerente e requerido. 5. Medida liminar. 6. Caução. 7. Petição inicial. 8. Valor da causa: omissão da lei processual. 9. Jurisprudência sobre o valor da causa. 10. Prazo para a ação principal. 11. Revogabilidade da medida. 12. Cessação da eficácia. 13. Indeferimento. 14. Agravo de instrumento 95

PARTE IV
Cancelamento de protesto

Capítulo I
Precedentes

1. Primeiras leis. 2. Sistema em vigor. 3. Cancelamento administrativo e judicial. 4. Cancelamento extrajudicial. 5. Cancelamento judicial *lato sensu*. 6. Pressuposto do cancelamento judicial. 7. Protesto indevido. 8. Comunicação do cancelamento de protesto: ônus do devedor 105

PARTE V
Modelos de petição

Modelo de petição n. 1 Petição inicial de medida cautelar de sustação de protesto. 113

Modelo de petição n. 2 Petição inicial de medida cautelar de sustação de protesto. 119

Modelo de petição n. 3 Petição para converter a sustação de protesto em suspensão de seus efeitos. 125

Referências bibliográficas 129

Índice alfabético-remissivo. 137

ÍNDICE ALFABÉTICO-REMISSIVO

A

Ação direta de
  inconstitucionalidade 14
Agravo de instrumento 101
Autenticidade 13
Avalista 56

B

Banco de dados 47

C

Cadastro de inadimplentes 73
Cancelamento administrativo 106
Cancelamento de protesto 83
Cancelamento extrajudicial 106
Cancelamento judicial 106, 107
Carta de intimação 58
Caução 38, 98
Certidão de protesto 71
Cessação da eficácia 100
Cheque 23
  fraudado 28
  furtado 28
    perdido 28
    roubado 28
Código Comercial de 1850 9
Competência do tabelião
  de protesto 22
Comprovação da mora
  do devedor 47
Comunicação do cancelamento do
  protesto 108
Comunicações obrigatórias 69
Conceito legal de devedor 66
Constituição do devedor
  em mora 48
Conta conjunta 28
Correção monetária 31
Cotação 76

D

Desistência do protesto 53
Devedor 56
Direito de regresso 44
Duplicatas de prestação
  de serviço 36
Duplicatas mercantis 35

Dúvidas do tabelião 52

E

Efeitos extralegais 43, 44
Efeitos legais 43
  do protesto 44
Emolumentos 75
Exame formal do título 50

F

Falência 69
Fé pública 13
Finalidade
  da ação 88
  do protesto 20
Fixação do termo legal
      da falência 47
Fumus boni iuris 96

H

Homonímia 72

I

Impedimento ao protesto 27
Impugnação do protesto de duplicata
      por indicações 39
Impugnação judicial do protesto 39
Instrumento público 13
Interrupção da prescrição 46
Intimação 55
  do endossante 34, 56
  pessoal 58
  pessoal do devedor 33
  por edital 34, 59

L

Lei das Duplicatas 10
Lei de Falências 10
Lei de Protesto 19
Lei do Cheque 10
Lei Saraiva 9, 57
Letra de câmbio em favor do próprio
      sacador 27

Lugar do protesto 33

M

Medida cautelar inominada 95
Medida liminar 97
Microfilmagem 67

N

Natureza jurídica do protesto 4
Notário 11

O

Obrigação 25
Obrigações sem prazo determinado 79
Oficial de registro 11
Ônus 25

P

Pagamento
  do título 61
  em moeda estrangeira 30
Pedido de falência do devedor 46
Periculum in mora 96
Petição
  para converter a sustação de protesto
      em suspensão de seus efeitos
      125
Petição inicial 98
  de medida cautelar de sustação de
      protesto 113, 119
Pressuposto da sustação 85
Presunção de veracidade 13
Protestatio 7
Protesto 19
  abusivo 87
  cambial 4
  comum 68
  da letra de câmbio por indicações do
      portador 64
  de cheque 27
  de cheque prescrito 93
  de duplicata 91
    por indicações do portador 36

138

de duplicata por indicações 37
de duplicata por indicações do portador 36, 64
de título 92
especial 68
formalmente irregular 86
indevido 86, 107
judicial 3
juridicamente impossível 87
não necessário 23, 25
necessário 23
notarial 4, 19
por falta de aceite 63
por falta de devolução 63
por falta de pagamento 63
Prova insubstituível 5

Q
Questão preliminar 85

R
Recuperação judicial 68
Recusa do aceite de duplicata 37
Registrador 11

Requerente 97
Requerido 97
Requisitos do protesto 67
Responsabilidade administrativa 77
dos tabeliães 77
Responsabilidade civil 77
do tabelião 77
Responsabilidade penal 78
Revogabilidade da medida 100

S
Simples cobrança 38
Suspensão dos efeitos de protesto 83
Sustação judicial de protesto de
duplicata por indicações 40

T
Tabelião 11
Termo do protesto 66
Título em língua estrangeira 31
Título em moeda estrangeira 29

V
Valor da causa 99